Le Problème
SOCIAL

LIVRE

Dédié à la Jeunesse

PAR

Louis TUFFET

VICHY

IMPRIMERIE C. BOUGAREL

Rue Sornin - Gagnière

1895

Le Problème Social

Le Problème

SOCIAL

LIVRE

Dédié à la Jeunesse

PAR

Louis TUFFET

VICHY

IMPRIMERIE C. BOUGAREL

Rue Sornin - Gagnière

1895

Introduction

Inspirer l'amour du devoir et le
respect des lois, former de bons
citoyens, et améliorer les mœurs
publiques, ce sont-là tous mes
vœux.

L. T.

LETTRE

A MES LECTEURS, A MES LECTRICES,

« *Plusieurs guides ont déjà été publiés sur Vichy, et des auteurs qui, certes étaient plus compétents que moi, ont décrit cette admirable Station Thermale, dont les cures merveilleuses sont, depuis longtemps, connues du monde entier.*

Vichy remonte à l'époque celtique, ou tout au moins à la période gallo-romaine. Aujourd'hui, cette ville, chef-lieu de canton, est située dans le département de l'Allier, à 365 kilomètres de Paris, à 259 mètres d'altitude ; la hauteur moyenne du baromètre est de 735 millimètres.

De quelque côté que l'on arrive à Vichy, l'aspect gracieux de cette charmante cité vous séduit et vous enchante.

C'est la physionomie souriante de Mme de Sévigné qui plane avec un charme poétique sur le passé de Vichy. Les cures qu'elle y fit en 1675 et 1676, furent le véritable point départ de la vogue de notre célèbre station qui, depuis trente ans surtout est entrée dans une voie de prospérité vraiment extraordinaire.

Des travaux considérables sont faits chaque année à l'Etablissement thermal pour que tous les perfectionnements relatifs à l'installation des appareils hydrothérapiques soient installés confortablement.

L'Etat possède à Vichy sept sources naturelles et trois sources artésiennes exploitées par la Compagnie fermière, dont le Conseil d'administration est 8, boulevard Montmartre, à Paris, et à Vichy (Allier).

Il existe aussi d'autres sources moins importantes, appartenant à des particuliers.

De toutes les sources de Vichy-Etat, la source de la Grande-Grille est celle qui répond le mieux, dans l'esprit, à l'idée qu'on se fait d'une source thermale jaillissante.

La source naturelle de la Grande-Grille a une température chaude de 44 degrés et contient 4 grammes 88 de bicarbonate de soude par litre. Elle est souveraine pour guérir les affections du foie et les coliques hépatiques. Des malades qui avaient des crises presque quotidiennes, partent absolument guéris, après une cure de trois semaines.

Plus de soixante mille personnes viennen t chaque année à Vichy et y séjournent l'espace de cinq mois.

Je vais, à présent, vous donner une rapide description des parcs et des principaux établissements de Vichy.

LE NOUVEAU PARC — qu'on a comparé à un petit-Bois de Boulogne — s'étend le long de l'Allier, depuis l'ancien Pré-Catelan, jusqu'au Barrage. Créé par ordre de Napoléon III, il a été tracé à l'anglaise par l'ingénieur Radoult de Lafosse. De proportion plus vaste que le Vieux Parc, il est surtout fréquenté par les amateurs de la nature et par les personnes qui se rendent aux sources des Célestins situées tout à côté. Parmi les élégants chalets construits sous

Napoléon III, je cite celui du docteur Bignon, où séjourna naguère l'impératrice Eugénie.

Le Casino — œuvre de M. Badger, architecte de la Compagnie, a été inauguré le 2 juillet 1865 ; il mesure une surface de 2,500 mètres. Il possède : Salon de lecture, Salle de Fêtes, Salon des Dames, Salle de Billards, Salle de Spectacle et Salon de Jeux.

L'Hotel de Ville — construit en 1865, est un édifice de forme rectangulaire ; il contient les bureaux de la Mairie, ceux du commissariat et de l'architecte de la Ville ; il renferme également une bibliothèque que le public est admis à visiter. Les bureaux sont ouverts de huit heures du matin à quatre heures du soir, toute la semaine et de dix heures à midi le dimanche.

A droite de la Mairie sont les bureaux de la Poste et du Télégraphe ; il est actuellement fort question du déplacement de ces deux services pour les transférer rue de Nîmes, c'est à dire au centre de la ville.

L'Hospice Civil. — Parties distinctes : l'Hospice civil, proprement dit l'Hospice pour les vieillards et les orphelins, et l'Hospice thermal, ce dernier ouvert seulement pendant la saison. C'est un vaste édifice, dont les dimensions en ont fait un monument presque unique en son genre. Son aménagement est tout moderne et conforme aux lois de l'hygiène et du bien-être de ses pensionnaires ; il a été construit sur les hauteurs placées derrière la gare du chemin de fer. La chapelle est très remarquable. Le public est admis à la visiter. Le service médical est dirigé par trois médecins : MM. les docteurs Champagnat, Nicolas et Therre.

L'EGLISE SAINT LOUIS — construite en *1861*, s'élève au centre de la rue de Nîmes et à l'encontre de l'avenue de Gare. Cette construction était rendue nécessaire par l'accroissement considérable de la population et des étrangers.

L'HOPITAL MILITAIRE — rue Lucas, près les Quatre - Chemins, fut construit en *1846*. Cet établissement thermal militaire comprend cent vingt chambres d'officiers et des chambrées pour soixante sous-officiers et soldats. Le service médical est dirigé par un médecin-principal, deux médecins-majors, trois aides-majors et un pharmacien-major. Le service administratif est placé sous la direction d'un officier comptable.

LA VIEILLE TOUR DE L'HORLOGE — dernier vestige d'un château-fort bâti par Louis II de Bourbon, au quinzième siècle. De la plate-forme on découvre une jolie vue sur la ville et les environs.

Le Pavillon Sévigné — est ainsi nommé pour perpétuer le souvenir du séjour qu'y fit Mme de Sévigné. L'antique pavillon conserve l'aspect frais et coquet de la véritable solitude où doivent aimer rêver les poètes et méditer les penseurs ; il est bâti sur pilotis. La rivière l'Allier venait caresser naguère la base des murailles du pavillon. C'est dans ce charmant séjour que la spirituelle marquise écrivait à sa fille l'empressement que les habitants de Vichy avaient mis à venir la recevoir au bord de la « jolie rivière » qu'elle voyait de ses fenêtres.

J'ajoute pour terminer les renseignements sommaires que je viens de vous donner sur Vichy, la note suivante :

VOYAGE DU PRÉSIDENT DE LA RÉPUBLIQUE

M. FÉLIX FAURE A VICHY

La Commisson des fêtes de la Ville de Vichy pousse activement les travaux pour la réception vraiment splendide que notre cité thermale fera au chef de l'Etat.

M. Félix Faure, né à Paris le 30 janvier 1841, élu Président de la République Française le 17 janvier 1895, a inauguré sa présidence par des œuvres de clémence pour les banis, pour les prisonniers, et par des preuves de générosité qui feront toujours l'admiration des amis de l'humanité.

Sur la proposition de M. Louis Lasteyras, le Conseil municipal a décidé, à l'unanimité que, pour honorer M. le Président de la République et perpétuer le souvenir de sa visite qu'il fera à la ville de Vichy, le 31 mai 1895, la rue de Paris prolongée, c'est à dire depuis la caserne de la gendarmerie nationale jusqu'à la gare, portera désormais le nom de : Avenue Félix Faure.

Je clos ma lettre en remerciant cordialement mes lecteurs et mes lectrices de leur bienveillante attention et les prie d'agréer l'expression de mes sentiments les plus dévoués.

Louis TUFFET,

Cordonnier.

27, rue d'Alsace.

Vichy, le 28 avril 1895.

Première Partie

LE
PROBLÈME SOCIAL

Il importe, à l'heure actuelle, de faire entendre au monde la vérité que ces paroles renferment, et d'en bien pénétrer le sens.

Non, il ne s'agit point, pour les riches, d'aban donner les biens qu'ils ont légitimement acquis.

La théorie du partage rêvé par les socialistes est loin, bien loin encore d'être réalisable. L'égalité des conditions est une évolution qui doit venir sans secousses violentes, sans injustice, sans spoliation d'aucune sorte, sans bouleversements, sans cataclysme, par le jeu naturel des conditions économiques, suivant la loi du progrès scientifique et de l'amélioration incessante du niveau intellectuel et moral des populations ouvrières, commerciales, industrielles, agricoles.

Mais l'esprit, mais le cœur du riche, doivent se

détacher des biens de ce monde, afin de pouvoir s'élever jusqu'à l'accomplissement du précepte suprème, l'amour du prochain. Je crois cette vertu divine toujours efficace pour consoler, guérir et sauver.

Il importe que la charité n'anime pas seulement les hommes individuellement : ce serait déjà un beau résultat. Mais il est désirable surtout qu'elle soit introduite en des institutions permanentes dont l'organisation ait pour but de la conserver.

Les Conseils Généraux de nos départements se réunissent tous les ans pour la session de Pâques. Cette année-ci (1895), on leur a soumis plus d'un projet utile au pays, entre autre, celui de « l'Assistance par le travail. » Cela étant comment toutes les bonnes volontés ne s'uniraient-elles pas dans une même pensée de conciliation, d'apaisement et de justice sociale pour préparer, par la concorde générale et par la fraternité républicaine le développement continu du bien être matériel et moral ?

— Cet engageant tableau d'une République idéale, ces promesses d'ordre, de paix, de travail et de progrès dans la liberté, nous les avons déjà trouvés, ce nous semble, non seulement tracés par la plume autorisée, mais encore par les œuvres de clémence et de générosité de M. Félix Faure, l'illustre Président de la République Française.

« — La République, a-t-il dit, est le Gouvernement par essence, qui s'émeut des souffrances imméritées et dont l'honneur est de ne jamais decevoir ceux auxquels elle doit autre chose que des espérances ». C'est à servir ces idées qu'il conviait le Parlement.

Le cœur de la France les lui avait inspirées. Pour en préparer le triomphe « unissons nos efforts »

Au nom des principes de la solidarité humaine, riches, pensez aux indigents, aux malades, aux infirmes, aux orphelins, aux vieillards, aux prisonniers, et lisez ce passage dans le *Candide* de Voltaire, le joli épisode de l'Eldorado. « En ce pays-là, l'or est aussi commun que chez nous les cailloux sur les routes. Les polissons du village jouent à la marelle avec des palets d'or, et le jeu fini, les laissent traîner sur le sable. Candide les ramasse, étonné de cette négligence, et les rapporte au père :

« — Que voulez-vous que nous fassions de cela ? dit-il à Candide. L'or ne nous sert à rien, puisque tout le monde en a autant et plus qu'il n'en veut. »

Travaillons d'abord et gagnons notre vie, chacun en produisant quelque chose qui puisse être échangé contre un autre produit. Ne croyons pas trop à la vertu de l'interêt composé. Déjà l'argent ne rapporte plus que deux et demi ; je vois venir grand train un temps où il ne donnera plus que deux et même un. Il n'y aura plus de rentiers ; il faudra que tout le monde peine. Cette perspective n'est pas pour nous déplaire.

Ce qui ne veut point dire qu'il ne faut pas épargner. Mais renonçons à l'espoir d'assurer à nos enfants des globes d'or massifs. Bûchons ferme ; ils bûcheront à leur tour, et tout n'en ira que mieux.

Et maintenant, amis lecteurs, je résume le fond de ma pensée. Je ne vois partout en France qu'attrait et beauté. J'aimerai vous voir partager mes impressions. Ce qui me plaît surtout dans notre pays, c'est le spectacle délicieux qu'offre la journée et le repos du dimanche, de rencontrer à la promenade, après les rudes travaux de la semaine, un honnête ouvrier avec sa jeune femme et son enfant qu'il chéris. Cet excellent mari et père, fera des économies, me dis-je, et dès qu'il en aura ce sera pour acheter une obligation à lots. Cette perspective d'être à la fois chef d'une charmante famille et propriétaire de ce chiffon de papier soutient son courage, l'empêche de dépenser et le détourne du cabaret ! Que de sous entassés, de privations supportées gaiement pour arriver à réaliser ce rêve !

Au point de vue de la moralisation des gens peu fortunés, l'obligation à lots joue un rôle essentiel ! que nulle autre combinaison ne saurait remplir ; elle est l'espérance dans les pauvres ménages, le pivot de projet d'avoir, trop rarement réalisé du reste, et la source d'émotions chaque fois que paraît la liste des tirages.

Oh ! que je le trouve heureux, cet humble et courageux travailleur avec une femme et un enfant qu'il aime ?... oui, il est heureux, ils sont tous heureux !...
— Je me réjouis de son bonheur et il fait mon admiration.

Deuxième Partie

VINCENT ET ROBERT

OU

CHARÍTÉ ET RIGORISME

CHAPITRE PREMIER

LA CHARITÉ

A vingt-trois kilomètres de Vichy, Lapalisse, ville de 3,000 habitants, sous-préfecture, chef-lieu de canton, célèbre par l'intéressant château des sires de Lapalisse, sur les bords de la Besbre, à 1.800 mètres du chemin de fer, ligne de Vichy à Lyon.

Sur la rive droite de la Besbre, à une demi-lieue de Lapalisse, se trouve le charmant village de Saint-Prix, bâti dans une riante vallée environnée de nombreuses collines. La plus haute de ces collines présente à son sommet un joli plateau occupé tout entier par une maison de plaisance qui a jadis appartenu au comte de Saint-Gerand. La façade principale regarde à la fois le village et la rivière. Un beau jardin entoure trois côtés de cette habitation, que les paysans appellent le château ; une large avenue descend, par une pente assez douce, jusqu'au village. C'était là, au milieu de ses bons vassaux, que M. de Saint-Gerand aimait à se reposer des fatigues de la guerre : il était capitaine de cavalerie.

M. le curé de Saint-Prix, vieillard vénérable et plein d'expérience, de douceur et de charité, avait gagné, par ses vertus, son affabilité et sa bienveillance, le respect et l'affection de tous les villageois et l'estime du comte. M. de Saint-Gerand se regardait comme le père de ses vassaux, et chaque jour il remerciait la bonté divine de leur avoir donné un si digne pasteur. S'agissait-il d'assister des malheureux, d'aider quelque fermier, d'encourager ou de soutenir quelque entreprise utile, toujours le comte se faisait un devoir de consulter M. le curé, et toujours il adoptait ses sages avis. Jamais il ne cessèrent de s'entendre parfaitement que sur un seul point, la charité. Le bon curé la voulait presque sans limites ; le capitaine, accoutumé aux rigueurs de la discipline et des lois militaires, montrait dans le village toute la sévérité des camps, lorsque, ce qui d'ailleurs était excessivement rare, on avait à réprimer quelque faute grave, il avait pris en affection un jeune garçon nommé Robert, précisément parce que cet enfant, irréprochable dans sa conduite, n'avait aucune indulgence pour ses camarades quand ils se permettaient la moindre espièglerie. Aux yeux de Robert, toute peccadille était un crime impardonnable.

Un jour, un autre enfant du village, appelé Gustave Durand, ayant ramassé un fruit tombé d'un arbre appartenant au comte, et, jugeant que personne ne voudrait de ce fruit presque entièrement gâté, y avait mis la dent. Robert l'aperçut, le saisit au collet, le traîna devant le comte, qui se promenait dans l'avenue avec M. le curé, et l'accusa de vol. Le comte reconnut que le fruit ne vallait absolument rien, et comme d'ailleurs Gustave n'était ni menteur ni gourmand, et assurait qu'il n'avait pas cru commettre un larcin, le comte et M. le curé, tout en déclarant qu'il avait eu tort de s'approprier le bien d'autrui, lors même que l'objet n'était d'aucune valeur, le renvoyèrent absous au grand dépit de Robert, qui le suivit en murmurant contre leur indulgence et en continuant de le traiter de voleur.

M. le curé avait adressé à Robert une paternelle remontrance sur son rigorisme « Vous avez blâmé la sévérité de Robert, dit le capitaine ; permettez-moi de vous dire que je l'approuve. J'aime cette rigidité de principes qui s'attache à la vertu et ne voit qu'elle, ne chérit qu'elle et la défend envers et contre tous, sans s'inquiéter d'autre chose

— Et moi, M. le comte, je n'aime pas cette rigidité inflexible et impitoyable. Comme homme, je la trouve hors de nature et suspecte ; comme chrétien, j'y vois quelque chose d'impie. Comment! Dieu, qui est la toute-puissance et la perfection même, Dieu aura pitié de la créature de ses mains, qui, par faiblesse, ayant violé ses saintes lois, versera des larmes de douleur et de repentir ; et un homme, un être de néant, un misérable pêcheur, n'aura point de pitié de son semblable, peut-être moins coupable que lui devant Dieu !... Ah ! cela révolte la raison et blesse le cœur ; cela est tout à fait contraire à l'esprit de notre divine religion.

— Alors, repartit le comte, il ne faut plus accuser les coupables, et les juges ont tort de les condamner.

— Ce n'est pas cela que je demande, M. le comte, répliqua M. le curé. Dieu permet à la justice humaine de poursuivre et de frapper les coupables ; c'est même un des moyens dont sa providence se sert pour ramener à lui les pécheurs incapables de se convertir autrement, ou pour faire paraître devant son tribunal suprême ceux qui persistent à ne jamais s'amender. On peut accuser un coupable, on peut témoigner contre lui, les magistrats peuvent le punir du dernier supplice ; mais accusateurs, témoins et magistrats doivent, s'ils sont dignes du nom de chrétien, ne remplir qu'en gémissant leur pénible devoir, et chercher et saisir avec un empressement fraternel toutes les circonstances qui peuvent diminuer la culpabilité ou établir l'innocence de l'accusé. Dans les hommes faits, ce rigorisme opiniâtre et impitoyable atteste un cœur dur, un esprit étroit, une raison orgueilleuse d'elle-même et partant dérangée ; dans les enfants, c'est une espèce de monstruosité dont il faut soigneusement tâcher de les guérir, et qui doit faire trembler des parents sages pour l'avenir de ces petits Catons, que leur dureté de caractère, se développant avec l'âge, peut un jour porter à d'horribles excès, même aux plus grands crimes.

— Je ne conçois pas cela, M. le curé : si dès l'enfance on a une si puissante haine pour le crime, cette haine du crime, en s'affermissant, ne peut porter au crime.

— Pardonnez-moi ; c'est même ce qui arrive trop souvent. Je ne blâme pas la haine du crime, on ne saurait trop le haïr ; mais je veux une compassion plus forte encore pour le criminel : sinon, et avec la disposition d'esprit que je blâme en Robert, on déteste bientôt le criminel lui-même, et on en arrive, par degrés, à avoir besoin de son châtiment, à s'en réjouir, à détester ceux qui le plaignent, ceux aussi qui ne le punissent pas assez sévèrement à notre avis; puis on se croit plus vertueux que tout le monde parce qu'on est plus sévère ; on s'indigne de se voir préférer d'autres personnes, et cette indignation, née de l'orgueil, peut conduire aux résultats les plus déplorables.

— Je crois, M. le curé, qu'ici l'esprit de la charité vous entraîne un peu trop loin. Mon opinion diffère tant de la vôtre, que si Robert continue à montrer cette haine vigoureuse pour le mal, je me propose de le prendre à mon service aussitôt qu'il sera d'âge à me suivre à la guerre. J'en ferai mon domestique de confiance.

— Je souhaite pour vous et pour lui que vous n'ayez jamais à vous en repentir. Mais, M. le comte, croyez-en ma vieille expérience : au lieu d'encourager en lui le défaut que je lui reproche, et que vous regardez comme une qualité, appliquez-vous plutôt à l'en corriger, et fasse le Ciel que vous ayez le bonheur d'y réussir !

La suite de cette histoire montrera qui de M. le curé ou du comte avait raison.

CHAPITRE II

L'INONDATION

Vers la fin du mois de février, après un long et rigoureux hiver, la température changea brusquement ; tout à coup les glaces et les neiges fondirent ; de toutes parts des torrents descendant des montagnes et des collines, allèrent enfler la Besbre si prodigieusement, qu'en peu d'heures elle surmonta ses rives et déborda dans les vallées. Celle de Saint-Prix fut inondée tout entière ; le village bâti à cinq cents mètres environ de la rivière se trouva submergé, et malheureusement ce désastre arriva pendant la nuit, à l'instant où tout le monde était encore plongé dans un profond sommeil. Sans une petite fille de onze ans, appelée Agathe, qui donna l'alarme, toute la population périssait.

Depuis que ses parents étaient malades, Agathe, étant fille unique, avait pris l'habitude de se lever la première afin de préparer leurs tisanes, qu'elle leur

portait au lit. Souvent sa sollicitude l'éveillait longtemps avant l'heure: alors elle priait devant une
image de la Vierge attachée à la muraille au-dessus
de son lit. Mais dans cette nuit terrible ce fut un
songe, sans doute envoyé du Ciel, qui la réveilla en
sursaut.

Il lui semblait qu'en se promenant au bord de la
Besbre, son père et sa mère y étaient tombés et s'y
noyaient; elle voulait appeler à leur secours, et, ne
le pouvant pas, elle fit de si grands efforts, qu'elle
s'éveilla toute tremblante. Quand elle eut reconnu
que ce n'était qu'un songe, elle crut devoir en remercier la sainte Vierge, et s'agenouillant sur son lit devant l'image de la mère du Sauveur, elle se mit à
prier. Alors un bruit semblable à celui de l'eau qui
coule sous un obstacle, attira son attention. Ne de-
vinant pas ce que ce pouvait être, elle descendit du
lit pour allumer sa lampe. Et quel fut son effroi! elle
se trouva dans l'eau jusqu'à mi-jambe. Elle se hâta
d'allumer la lampe et d'ouvrir la fenêtre, et vit le village déjà tout inondé, et les eaux montaient encore
avec une extrême vitesse.

Agathe courut avertir ses parents, leur apprit
l'horrible nouvelle, et se réfugia avec eux sur le toit
de la chaumière. De là ils appelèrent leur voisin Durand, père de Gustave; celui-ci à son tour appela
les habitants des maisons proches de la sienne, de
sorte qu'en un moment le cri d'alarme parvint aux
deux extrémités du village.

Alors, un vent léger vint déchirer les nuages, ils
s'entr'ouvrirent, et la pâle clarté de la lune éclaira

cette scène de désolation. Déjà, toutes les maisons.
cernées par les eaux, apparaissaient comme de petites îles au milieu d'un grand lac; déjà toute la population, retirée sur les toits, se cramponnait aux che-
minées, aux chevrons, à tout ce qui semblait offrir le
plus de solidité; car les eaux ne cessant de monter,
arrivaient déjà jusqu'au chaume des habitations les
plus basses. Ici, une mère embrassant d'une main le
corps de la cheminée, de l'autre serrant contre son
sein un enfant à la mamelle, pleurait en invoquant le
Très-Haut; là, une jeune fille soutenait sa vieille
mère et suppliait au nom de Dieu, ses voisins de
venir à son aide, car elle sentait ses forces défaillir :
plus loin, un père au désespoir enveloppait de ses
bras et maintenait sur le faîte de sa chaumière ses
enfants éperdus et sa femme évanouie; partout la
douleur et l'épouvante se peignaient sur tous les
visages ; tous les cœurs s'élevaient vers le ciel ; puis
on regardait les collines voisines, dont les plus hau-
tes semblaient à ces malheureux un asile assuré ;
mais elles se trouvaient à une certaine distance, il aurait fallu faire ce trajet à la nage : les femmes, les enfants, les vieillards ne le pouvaient pas, la plupart
des jeunes gens eux-mêmes ne savaient pas nager,
et ceux qui le savaient n'étaient point assez hardis
ou assez forts pour entreprendre d'y porter les êtres
qu'ils chérissaient plus qu'eux-mêmes ; ainsi, tous
les villageois, retenus par la peur, ou la nécessité,
ou l'amour de leurs parents, restaient où ils étaient
et contemplaient d'un œil effaré la marche progres-
sive des eaux qui allaient infailliblement surmonter

les chaumières et les emporter eux-mêmes de dessus les toits; ils se recommandaient à Dieu et attendaient la mort.

Déjà les paysans, réunissant leurs voix, avaient poussé des cris de détresse afin d'appeler le capitaine à leur secours, et toujours inutilement, à cause de l'éloignement de sa demeure.

« Personne ne s'éveille au château ! je n'y vois encore briller aucune lumière, dit Durand à sa femme et à son fils ; si le bon capitaine savait notre détresse, il accourrait et il trouverait bien moyen de nous sauver tous. Ecoutez, restez-là, tenez-vous bien : si les eaux ne montent pas plus vite qu'elles n'ont fait jusqu'à présent, elle ne vous atteindront pas seulement le bout des pieds avant deux heures d'ici, et dans une demi-heure je serai de retour ; ainsi soyez tranquilles. Vous savez qu'étant soldat j'ai appris à nager ; d'ailleurs Dieu daignera veiller sur moi, puisque je vais tâcher de faire une bonne action. Ne vous alarmez donc point, priez pour moi et pour tout le village, et confiez-vous à la bonté de Dieu.

— Où vas-tu, mon ami ? s'écria Catherine, sa femme.

Durand, homme entreprenant et courageux, ne perd point de temps à lui répondre, il crie de toute la force de ses poumons :

— Voisins, écoutez, écoutez-moi ! Nous allons tous périr si M. le comte n'est averti promptement de notre détresse ; je vais à la nage jusqu'au presbytère pour sonner le tocsin ; en attendant, criez tous ensemble *au secours* ! afin que vos voix parviennent au château, s'il se peut, avant le son de la cloche : il n'y a pas un instant à perdre.

A ces mots Durand se jette à la nage, fend les ondes de ses bras nerveux, remonte le courant et se dirige rapidement vers le presbytère, et en même temps tous les villageois poussèrent des cris si prolongés et si forts, que toutes les collines des environs en furent ébranlées.

« Sainte Vierge ! s'écria Catherine, en joignant les mains et levant vers le ciel ses yeux d'où jaillissaient des larmes, sainte Vierge ! patronne de tous les affligés, ayez pitié de nous, et... »

En cet instant, les cris des villageois redoublèrent avec tant de force, qu'il fut impossible de s'entendre soi-même. On les voyait se dresser sur les toits, agiter leurs mouchoirs afin d'être aperçus du château et, les yeux fixés sur les fenêtres, attendre en frissonnant qu'il parût quelque lumière. Il n'y avait que deux personnes qui regardassent d'un autre côté: c'étaient Catherine et Gustave; ils suivaient des yeux le courageux Durand, ils voyaient sa tête glisser à la surface des eaux et quelquefois disparaître dans leurs ondulations. Alors, le cœur de Catherine se serrait d'effroi; elle croyait son mari englouti ; Robert était près de s'élancer au secours de son père, et il fallait que la pauvre mère le retint toujours. Puis cette tête chérie reparaissait, et l'enfant et la mère recommençaient à respirer.

Au bout d'un moment, les nuages se rapprochèrent, la lune et les étoiles furent entièrement couvertes et des ténèbres si épaisses que l'on ne voyait plus

les personnes mêmes que l'on touchait, enveloppè-
rent toute la vallée. Ah! c'est alors que l'effroi redoubla, et que les cris : *Au secours !* devinrent plus
faibles et plus rares, et se convertirent en sanglots.
Les enfants et les femmes se lamentaient, les vieillards gardaient un morne silence, les hommes pleu-
raient, tâchaient de tenir dans leurs bras tous les
êtres qu'ils chérissaient, et les tâtaient tour à tour
pour s'assurer qu'aucun, perdant l'équilibre sur leur
appui glissant et incliné, n'était tombé dans l'abîme.
Oh! que c'est une horrible chose qu'une inondation,
surtout quand elle arrive inopinément et pendant
une nuit sombre !

Les paysans avaient encore une dernière fois réuni
toutes leurs forces pour que leurs cris arrivassent
jusqu'au capitaine et, ne comptant plus y parvenir,
se livraient au plus affreux désespoir. Tout à coup
on vit briller à une fenêtre une lumière qui, bientôt,
passant devant plusieurs croisées, alla jusqu'à celle
de la chambre à coucher du comte.

A cet aspect, un rayon d'espérance ranima tous les
cœurs. « Nous sommes sauvés! s'écrièrent une foule
de voix, on nous a entendu au château, on vient de
prévenir M. le comte, nous allons le voir accourir
avec tout son monde. Crions encore, crions tous ensemble, afin de lui apprendre l'imminence du péril ! »
Et soudain, toutes ces voix, dont l'espoir et la crainte
accroissaient l'énergie, tonnèrent ensemble. Puis on
se tut pour écouter ; d'autres voix moins énergiques
répondirent du château, et en même temps on voyait
les lumières se multiplier et courir dans la demeure du

comte, signe certain que tout le monde y était debout
et s'empressait de préparer ce qui était nécessaire. Le
comte avait cru d'abord qu'il s'agissait d'un incendie ;
mais ayant mis la tête à la fenêtre et ne découvrant
de feu nulle part, il avait bien deviné que c'était, au
contraire, une inondation qui menaçait le village.

Un instant après, les sons lugubres du tocsin re-
tentirent. « Maman ! maman ! s'écria Gustave, mon
papa a eu le bonheur d'arriver à l'église ; la sainte
Vierge l'y a conduit. C'est lui qui sonne la cloche ! »

Et la pauvre Catherine, passant subitement de
la peur à l'excès de joie, eut à peine la force d'embrasser son fils ; il fallut à son tour que Gustave la
retînt pour l'empêcher de tomber dans les ondes.

Bientôt on vit sortir du château une douzaine
d'hommes portant chacun une torche allumée, des
cordes et des haches. Le capitaine était à leur tête,
et ils accouraient tous vers le village.

Le capitaine de Saint-Gérand, déjà ancien guerrier
quoiqu'il n'eut guère que quarante-cinq ans, était un
homme de cœur et d'expérience ; d'ailleurs il avait
maintes fois passé des rivières à la nage, et l'eau ne
l'étonnait pas plus que le feu. Muni d'une hache, il
laissa ses gens à terre et, se mettant à la nage, il se
dirigea à la lueur de leurs torches vers l'endroit où se
trouvait son grand étang, maintenant caché par l'inondation. L'année précédente il avait fait construire
une grande barque, heureusement toujours garnie de
ses agrès. Cette barque, fortement amarrée au bord de
l'étang, avait monté avec les eaux. Si le cable eût été
plus court elle se serait enfoncée, et il eût été bien

difficile et bien long de la remplacer par une autre
qu'il aurait fallu chercher jusqu'au bord de la Besbre,
où peut-être, vu les circonstances, ou n'en aurait
point trouvé. Le capitaine y monta, coupa le cable,
prit les avirons et rama du côté de ses gens, pour
en prendre deux ou trois des plus forts et des plus
hardis ; puis virant de bord, les nouveaux rameurs se
dirigèrent vers la maison voisine, c'était celle de Durand. Ils prirent Catherine et Gustave et s'empressèrent d'aller chercher Agathe et ses parents.

Il était temps qu'ils arrivassent : la vieille chaumière de ces pauvres gens cédait à l'effort des eaux,
qui déjà montaient au-dessus du pignon. Quoiqu'ils
fussent debout sur la poutrelle qui formait le faîte du
toit, ils avaient de l'eau jusqu'à mi-jambe, et ils sen-
taient s'ébranler sous eux la masure près de s'écrouler. Dans la précipitation qu'on mit à s'approcher
pour les recevoir, la barque heurta la cheminée à laquelle ils se cramponnaient, elle balança et ne résista
qu'un moment. A peine furent-ils embarqués qu'elle
tomba, et presque aussitôt le toit, déchargé de ce
poids, se détacha du mur, monta sur les flots qui
l'emportèrent et en dispersèrent les débris. Une autre petite chaumière était aussi entièrement submer-
gée, et toute une famille qui l'avait habitée, se tenant
avec peine sur le comble, appelait à grand cris le généreux comte. Cette famille se composait de neuf
personnes, le grand-père et la grand'mère, vieillards
octogénaires, le père et la mère, et cinq enfants en
bas âge, dont un encore à la mamelle, et que la mère
montrait au capitaine en implorant sa pitié.

2.

Mais la barque contenait déjà dix personnes, savoir : le comte, se quatre rameurs, Catherine et Gustave, Agathe et ses parents.

Quoique grande pour sa destination, elle était bien petite pour le service auquel on l'employait alors. Neuf personnes de plus pouvaient la surcharger et la faire sombrer. D'un autre côté cette malheureuse famille allait évidemment périr ; fallait-il risquer de périr soi-même avec les cinq personnes déjà recueillies, en cherchant à la sauver tout de suite, ou l'abandonner un instant pour mettre en sûreté ces cinq personnes et revenir ensuite la prendre, s'il en était encore temps ? Les cris déchirants de la pauvre mère qui répétait sans cesse: « Sauvez du moins mon pauvre enfant ! » décidèrent le capitaine, et quoique ses rameurs fussent d'un avis contraire il leur ordonna d'aller à l'instant même vers ces infortunés. Ils obéirent ; bientôt la mère et l'enfant furent dans la barque : le mari tendit au capitaine, qui le reçut dans ses bras, les deux plus jeunes de ses autres enfants puis il aida les deux derniers et ses vieux parents à parvenir jusqu'au capitaine. et voyant la barque s'enfoncer sous la charge, il refusa d'y monter lui-même, quoiqu'il ne sût pas nager, et supplia le comte de s'éloigner bien vite pour déposer à terre tous les passagers. Le comte admira son dévouement et promit de revenir bientôt le prendre ; et recommandant à tout le monde de ne pas bouger, de peur de faire chavirer le bateau, dont le bord dépassait à peine d'un demi-pouce la surface de l'eau, il commanda à ses gens de ramer avec précaution et de pousser vers la colline du château. Malgré toute la prudence, l'eau soulevée par le sillage entrait dans la barque ; le capitaine et quatre personnes désignées par lui se mirent à la puiser au fond de la barque et à la rejeter avec leurs chapeaux.

Enfin, par un visible effet de la miséricorde divine, on toucha la terre. Le capitaine commanda de ne pas bouger encore et d'attendre ses ordres, puis lui-même et tous ses gens, l'un après l'autre, descendirent dans l'eau avec précaution : chacun se chargea d'un enfant et le porta à terre ; le bateau, ainsi allégé, fut poussé plus près de la rive ; les domestiques qui étaient restés au bord de l'eau revinrent avec les premiers prendre le reste des passagers, que le comte ordonna de conduire tous et de bien soigner au château ; puis ses rameurs et lui remontant dans la barque sur laquelle étaient placées quatre grosses torches, retournèrent au village.

Quand ils arrivèrent à la maison où ils avaient laissé le père, dont le poids aurait fait sombrer le bateau, ils ne le trouvèrent plus ; sa chaumière était écroulée. « Le malheureux ! s'écria le capitaine, s'il avait consenti à s'embarquer, le bateau périssait, et il s'est sacrifié pour sauver sa famille ! Allons, à d'autres, » ajouta-t-il en soupirant.

La maison la plus voisine se trouvait à une centaine de pas ; en voguant de ce côté, on aperçut quelque chose qui flottait et qui semblait se diriger vers la barque en suivant le courant qu'elle remontait. Un moment après, on crut distinguer une tête et apercevoir une main qui de temps en temps sortait de l'eau et y rentrait presque aussitôt. « C'est quelqu'un qui se noie ! s'écria le capitaine ; mes amis forcez de rames et allons le sauver. » Les rames s'agitèrent avec une vigueur nouvelle : en un moment on reconnut les corps de deux hommes ; l'un semblait privé de connaissance, et l'eau qui entrait dans sa bouche tournoyait au-dessus de sa tête ; l'autre homme, d'une main tenait le premier, et de l'autre nageait encore, mais languissamment. On voyait à sa respiration courte et bruyante, à ses traits distendus, à ses yeux affaissés, quoique grands et ouverts, à la molle lenteur de ses mouvements, qu'il était rendu de fatigue. Il n'eut pas la force de lever la main pour saisir celle qu'on lui tendait ; il allait couler sous le bateau, quand le capitaine l'arrêta par les cheveux et, aidé d'un homme robuste, le souleva pour le placer dans la barque ; mais à cet instant, il s'évanouit et laissa échapper le malheureux qu'il soutenait, et que déjà le capitaine s'apprêtait à saisir. Prompt comme l'éclair, le capitaine s'élance, plonge et reparaît avec cet infortuné, qui bientôt se trouve dans la barque à côté de son premier sauveur et, comme lui, privé de connaissance.

« Hâtons-nous, mes amis, dit aux rameurs l'intrépide capitaine, allons vite remplir et décharger notre barque. »

Au bout d'un instant, la barque déposait à terre encore dix personnes.

« Soignez surtout ces deux infortunés ; qu'on n'épargne rien pour les rappeler à la vie, dit le capitaine à ses domestiques, qui, après avoir conduit au château les premières personnes débarquées, étaient revenus en attendre d'autres ; et nous, retournons vite, nous avons encore bien des malheureux à sauver. »

La barque fit ainsi quinze voyages et ramena en tout 163 individus. C'était toute la population du village de Saint-Prix. Le capitaine n'était point allé d'abord chercher M. le curé, parce que le presbytère bâti en pierres de taille, sur un coteau que couronnait l'église, et ayant d'ailleurs deux étages, était pour le vénérable pasteur un asile assuré. Cependant au point du jour, lorsqu'il ne vit plus personne en péril, il dirigea sa barque vers le presbytère et y pénétra par une fenêtre du rez-de-chaussée, car le plateau de l'église était couvert de plusieurs pieds d'eau. Il trouva M. le curé en oraison. Retenu par son grand âge, ce vénérable vieillard n'avait pas pu voler au secours de ses paroissiens ; mais depuis le moment où Durand était venu le réveiller, il n'avait cessé d'implorer pour eux la miséricorde céleste, et ses prières, toujours agréables au Seigneur, avaient été exaucées : personne n'avait péri.

Les deux individus retirés de l'eau par le capitaine étaient Durand et Bernard : Durand, après avoir sonné le tocsin, revenait à la nage vers sa femme et son fils ; il approchait de sa chaumière, il était déjà bien fatigué, lorsqu'il rencontra Bernard, ce généreux père qui s'était dévoué à une mort presque certaine pour ne pas risquer de faire enfoncer la barque. Bernard avait senti la chaumière s'écrouler sous lui ; il avait coulé sous les eaux, et, en se débattant comme

un homme qui ne sait pas nager, il avait remonté un
peu le faible courant, tantôt disparaissant dans
l'onde, tantôt revenant à la surface ; heureusement il
s'était heurté contre Durand, qui l'avait saisi et
tâchait de l'emmener en lieu de sûreté, lorsqu'il eut le
bonheur d'être aperçu de la barque. On les avait
portés tous deux au château. Leurs familles étaient
dans une inquiétude terrible ; en les voyant rapporter
sans connaissance et ne donnant aucun signe de vie,
elles les crurent morts et s'abandonnèrent au plus
violent désespoir. Cependant, à force de soins, on
parvint bientôt à leur faire rendre l'eau qu'ils avaient
avalée et qui les étouffait ; iis ouvrirent les yeux et
se trouvèrent au sein de leur famille, qui passa tout
de suite de l'affliction à l'espérance et à la joie.

Le capitaine revint avec M. le curé pour être
témoin du bonheur que ces bonnes gens éprouvaient
de se retrouver tous réunis après un si terrible danger. M. le curé leur prodigua les consolations que
notre sainte religion tient en réserve pour les affligés, et tous remercièrent avec lui la divine Providence de n'avoir laissé périr aucun d'eux.

Mais les bestiaux, surpris dans les écuries et les
étables, étaient presque tous noyés. Quelques chevaux, quelques bœufs et quelques vaches ayant
rompu leur licol, et trouvant les portes enfoncées
par les eaux, s'étaient sauvés à la nage sur diverses
collines. Le lendemain toute la vallée, inondée d'un
bout à l'autre, parut comme un grand lac baignant
l'église, le presbytère et quelques îlots ; et les eaux,
continuant encore leur crue, emportaient pêle-mêle

les cadavres des bestiaux, les toitures, les poutres,
les portes, les fenêtres des chaumières, les pail-
lasses, les matelas, le linge des paysans. Vers le
milieu du jour l'inondation commença à diminuer ;
alors un courant contraire à celui de la nuit précédente ramena les eaux vers la Besbre, et elles rappor-
tèrent avec elles, pour l'entraîner dans la rivière, tout
ce qu'elles n'avaient pas déposé sur la grève. Le
capitaine, toujours actif et prévoyant, avait fait fabri-
quer dans la matinée des rames, de longs crocs, et
des radeaux capables de porter plusieurs hommes ;
de grandes et de fortes cordes, attachées par un
bout aux plus gros arbres de l'avenue, étaient rou-
lées sur les radeaux. Dès que le capitaine vit les eaux
refluer vers la Besbre, il envoya les radeaux s'établir
en travers de la vallée et s'y fixer au moyen de ces
cordes. Les hommes qui montaient ces radeaux arrê-
taient au passage tous les objets qui pouvaient
encore être utiles ; tels que le linge, les lits, les
meubles et les hardes ; et le capitaine lui-même
allait prendre ces effets avec sa barque et les conduisait à terre ; de sorte qu'il y en eut très peu de
perdus. Ce fut un bien grand bonheur pour les pauvres villageois, qui n'avaient eu le temps de ne rien
sauver et qui étaient à moitié nus.

Néanmoins cette opération ne s'acheva pas sans
accident. Robert et Gustave, ayant obtenus de leurs
pères et du capitaine la permission de monter sur
l'un des radeaux pour aider les travailleurs, montraient autant de zèle que d'intelligence ; et quoique
Robert ne se fût pas réconcilié sincèrement avec

Gustave, ce dernier, qui en bon chrétien ne lui gardait aucune rancune, prenait plaisir à le bien seconder. Mais tout à coup Robert, qui ne savait pas nager, glissa et tomba dans l'eau. Sans hésiter, Gustave s'élança après lui, le ramena sur l'eau, et au même instant un maladroit, jetant son croc pour tâcher de le repêcher, frappa si rudement à la tête le bon Gustave, que le sang jaillit en abondance : un voile épais se répandit sur les yeux du généreux enfant, il étendit le bras et coula le long du radeau. On le retira sans connaissance ; le capitaine s'empressa de venir et le fit porter au château, où tous les soins lui furent prodigués ; mais en vain, il fallut le mettre au lit, et le soir le capitaine, qui durant la journée et la nuit précédente s'était échauffé au travail et avait éprouvé plusieurs refroidissements, se trouva si indisposé, qu'il fut obligé de se coucher beaucoup plus tôt que de coutume.

Pendant la nuit les eaux baissèrent beaucoup ; le lendemain vers midi elles eurent évacué la vallée et toutes celles des environs ; on pu aller à la ville voisine chercher un habile médecin en qui le comte avait toute confiance ; il se hâta d'arriver.

Cependant les villageois visitaient leurs chaumières en ruine pour reconnaître l'étendue de leurs pertes : çà et là quelques murs restaient debout, mais les toitures étaient enlevées, la vase remplissait leurs demeures, et la plupart des maisons n'offraient plus que des monceaux de décombres. La consternation de ces pauvres gens était extrême comme leur malheur, et ils auraient tous été ruinés sans ressources

s'ils n'avaient pas eu un seigneur aussi riche, aussi
généreux et aussi intelligent que le capitaine de Saint-
Gerand.

De son lit de douleur, le bon capitaine, assisté de
M. le Curé, veillait sur leurs intérêts et prenait les
plus nobles résolutions. Il voulut que tous les
paysans logeassent au château jusqu'à ce que leurs
maisons fussent restaurées ; il les autorisa à prendre
dans la forêt tout le bois nécessaire ; son intendant
alla dans les cantons voisins passer des marchés
pour remplacer sans délai les grains, les farines et
les bestiaux perdus. Le capitaine s'engageait à payer
en différents termes la moitié de la dépense totale, et
les paysans devaient payer l'autre moitié aux mêmes
époques, chacun en proportion de ce qu'il recevait.
De cette manière le désastre fut complétement et
promptement réparé ; en peu de jours toutes les
maisons furent reconstruites ; ceux qui avaient fini
les premiers s'empressaient d'aider les autres ; le bon
curé venait souvent visiter, encourager et diriger les
travailleurs ; les femmes, les enfants même mettaient
la main à l'œuvre, et, sans l'inquiétude qu'inspirait
l'état du capitaine et aussi celui du jeune Gustave, la
joie aurait seule régné dans le village.

Pendant neuf jours le mal du capitaine empira
d'une manière alarmante. Le huitième, M. le Curé lui
administra les derniers sacrements, et le neuvième on
crut que sa belle âme allait quitter la terre et remonter
dans le sein de l'Éternel. Comme l'avait annoncé
l'habile docteur qui ne le quittait pas un instant, la
crise fut terrible et décisive. Vers deux heures du

matin il eut un redoublement de fièvre avec un effrayant délire ; au bout d'une heure la fièvre se calma, le délire cessa, le malade ferma les yeux, et tomba dans une immobilité complète ; son pouls semblait arrêté ; sa respiration était insensible, on pensa qu'il était mort. A quatre heures on l'entendit respirer, il entr'ouvrit les yeux et fit un effort pour parler, la parole expira sur ses lèvres, et un signe du docteur l'invita à garder le silence. Quelques potions administrées à propos lui rendirent insensiblement un peu de forces.

« Dieu soit loué ! s'écria le docteur en allant dans la pièce voisine au-devant de M. le Curé, il est sauvé ! la miséricorde céleste n'a pas voulu ôter leur père à tous ces bons paysans. »

Cette heureuse nouvelle : M. le comte est sauvé ! annoncée à d'autres domestiques par celui qui avait entendu l'exclamation du docteur, se répandit aussitôt dans tout le village et y causa une joie universelle ; et dans toutes les chaumières des cœurs reconnaissants rendirent à Dieu les plus sincères actions de grâces.

Trois jours après, le capitaine était en pleine convalescence.

Gustave parut aussi se rétablir, puis le mal revint plus terrible et enfin ne laissa plus d'espoir. Ce généreux enfant reçut les derniers sacrements avec la piété d'un ange, et désira se réconcilier avec Robert. On fit venir ce dernier. Robert résista à toutes les instances du jeune mourant et se retira le cœur froid et les yeux secs. Le lendemain la terre reçut la dé-

pouille mortelle de Gustave, dont toute la population
voulut suivre l'humble convoi à l'église et au cime=
tière.

Quoique le caractère jaloux et haineux de Robert
révoltat tout le monde, le comte de Saint-Gerand
s'obstinait à y voir l'indice d'une probité incorrupti-
ble et d'une âme forte. Aussi ne voulut-il pas attendre
plus longtemps pour le prendre à son service. Robert
avait alors quinze ans ; il ne négligea rien pour justi-
fier la bonne opinion qu'avait de lui le capitaine, et
souvent ce dernier disait avec une satisfaction visible
à M. le Curé : « Eh bien ! ne l'avais-je pas prévu ? jamais je n'ai eu un domestique plus soigneux, plus
fidèle, plus dévoué que Robert : je me connais en
hommes. »

Et le bon pasteur répondait : « Tout cela ne me
tranquillise pas ; avant tout il faut être bon chrétien,
et il n'y a pas de bon chrétien sans charité. »

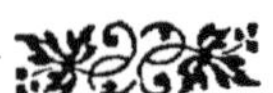

CHAPITRE III

L'ENFANT CHARITABLE ET LE CHIEN DE
TERRE-NEUVE

Cependant, vers le mois de juin, le docteur déclara
que, pour accélérer sa complète guérison, il fallait
que le capitaine allât prendre les eaux de Carlsbad
en Bohême. Ces eaux avaient rendu autrefois la vie

et les forces au père du comte : il se décida à suivre
l'avis du médecin, et en partant il eut soin d'emmener
Robert, son domestique favori.

En traversant la Bohême, comme sa voiture gra-
vissait au pas une courte mais assez roide montée,
le capitaine aperçut au bord du chemin un jeune
garçon, tenant sa casquette renversée sur ses genoux
en guise de sébile, et râclant bravement sur un méchant violon. Ce jeune garçon, en redoublant l'énergie de son jeu, fit au capitaine un salut si gracieux et
si comique contre l'intention de l'artiste, que notre
voyageur en fut enchanté. Le capitaine fit donc arrêter sa voiture pour considérer à son aise le petit
musicien, qui se mit à jouer de plus belle. Après
avoir fini son morceau, l'enfant s'approcha de la portière et tendit sa casquette d'un air aimable et sup-
pliant. Le capitaine y jeta un écu de six francs et
adressa maintes questions à l'enfant, qui répondit à
toutes avec politesse et précision.

Il avait quatorze ans et se nommait Vincent. Ayant
perdu son père et sa mère, tous deux Français, il
était entré au service d'un paysan qui lui avait confié
la garde d'un troupeau qu'il montra dans la prairie
voisine. « O mon bon Monsieur, que je vous remercie de m'avoir donné une si belle pièce d'argent !
ajouta-t-il ; c'est un bienfait beaucoup plus important
que vous ne pensez. Puisse le bon Dieu vous bénir
à jamais !

— Eh bien ! mon cher Vincent, répondit le comte,
je suis charmé de t'avoir rendu un service auquel tu
attaches tant de prix ; à mon retour des eaux, dans

deux ou trois mois environ, j'espère te retrouver ici ; tu me joueras encore quelque chose, et je me ferai un plaisir de te donner encore une pièce comme celle-ci. Adieu, mon enfant ; si, comme j'en suis persuadé, ta figure n'est pas trompeuse, tu dois être un bon et loyal garçon. »

Le sensible et modeste Vincent, un peu confus d'un pareil compliment qu'il méritait bien sans s'en douter, rougit, fit un profond salut et se retira.

Les bains de Carlsbad produisirent l'effet qu'en attendait le capitaine. Au bout de quinze jours il éprouva une amélioration sensible, et résolut de continuer jusqu'à son parfait rétablissement, ou jusqu'à la fin de la saison.

Un jour, comme il visitait l'une des promenades les plus fréquentées de cette jolie ville, il fut très étonné de rencontrer son petit musicien, portant sous le bras un joli violon tout neuf.

« Quoi, te voilà dans ce pays ! dit le comte en l'abordant avec bonté. Quel hasard t'y a conduit ? Comment vis-tu ?

— Voyez-vous, mon bon Monsieur, repartit le petit berger, dont le yeux brillaient de joie, mon engagement finissait à la Saint-Jean. J'ai demandé mon congé, j'ai acheté ce beau violon, et je suis venu ici pour gagner ma vie et tâcher de vous revoir, afin de vous remercier, car c'est à vous que je vais devoir mon bonheur. Je ne pouvais rien faire, je n'aurais pas osé paraître à Carlsbad avec mon mauvais violon ; mais avec celui-ci que votre don généreux m'a mis en état d'acheter, je gagnerai plus qu'il ne me faut pour vivre, si le bon Dieu permet que je continue à gagner comme depuis mon arrivée en cette ville.

— Demeures-tu ici? demanda le comte.

— Oh! pas précisément ici, les logements sont trop chers pour moi; mais là-bas, dans ce petit village que vous apercevez au bord de l'Éger; plusieurs enfants de mon âge à peu près, et qui gagnent leur vie comme moi, y sont établis de même, et tous les matins nous venons à la ville, d'où nous repartons tous ensemble le soir; nous continuerons ainsi pendant toute la saison des bains; ensuite je ferai ce que je pourrai pour ménager mes petites épargnes, et à la saison prochaine je recommencerai, et toujours comme cela, jusqu'à ce qu'il plaise au bon Dieu de disposer de moi autrement. Mais jamais je n'oublierai que je dois à votre générosité l'instrument qui me nourrit, et tous les jours de ma vie je prierai Dieu pour vous, quand même je n'aurais plus besoin de ce beau violon, quand même je deviendrais riche comme un grand seigneur.

— Je suis charmé de te trouver si pieux et si reconnaissant, répondit le capitaine; le bon Dieu te bénira toi-même, car la reconnaissance prouve une belle âme, et la piété est la source de toutes les vertus. Si tu veux venir me voir demain matin, à dix heures précises à l'hôtel où je loge, je te recevrai avec plaisir. »

Le capitaine indiqua son hôtel et s'éloigna.

Le lendemain, à dix heures précises, Vincent se présenta à l'hôtel et demanda M. le comte de Saint-

Gerand. L'hôte, étant prévenu dès la veille, le fit conduire à l'appartement du comte.

Le capitaine le reçut avec une satisfaction visible, le félicita de son exactitude, le fit asseoir près de lui, et entama une conversation qui dura plus de deux heures, sur divers sujets, afin de juger du caractère et de l'intelligence de l'enfant.

Vincent ne se doutait nullement qu'il subissait là un véritable interrogatoire, une sorte d'examen d'où pouvait dépendre le sort de tout son avenir. Il répondit à toutes les questions avec une modeste aisance, avec une aimable franchise ; plus d'une fois il étonna le capitaine par la justesse de ses reparties et par l'intelligence que révélaient des questions qu'il hasardait lui-même pour s'instruire, et qui montraient déjà une certaine culture d'esprit. En un mot le comte fut enchanté des bonnes qualités qu'il crut reconnaître dans ce spirituel enfant. Vincent lui raconta brièvement toute son histoire.

« Je suis né en Saxe, dit-il ; peu après ma naissance, mes parents vinrent s'établir en Bohème. Ma mère est morte il y a près de quatre ans. Oh ! ajouta-t-il en essuyant ses larmes, je ne saurais exprimer combien elle était douce et bonne, ma pauvre mère !... Ma sœur la suivit de près dans la tombe, et mon père n'eut plus d'autre enfant que moi. Il m'aimait tendrement ; je le chérissais de même. Souvent nous allions ensemble sur le tombeau de ma mère et de ma sœur ; puis, élevant nos cœurs vers le ciel où devaient habiter déjà les âmes des deux êtres que nous regrettions si vivement, nous trouvions dans la prière et dans notre confiance en Dieu la force de surmonter notre affliction.

« Mon père était fort économe et grand travailleur, mais les épargnes qu'il avait faites n'étaient pas considérables ; la maladie de ma mère, pendant laquelle mon père fut obligé de renoncer à ses travaux pour soigner son épouse, nous coûta une partie de notre faible fortune ; la maladie de ma sœur y fit une nouvelle brèche ; mon père se remit à l'ouvrage avec tout le courage que lui laissait la double perte qu'il déplorait ; j'étais encore trop jeune pour l'aider beaucoup ; cependant je faisais tout ce que je pouvais, et, grâce à l'ordre et à l'économie établis dans notre maison, nous recommencions à faire quelques petites épargnes. Malheureusement au bout de quelques mois un incendie terrible éclata dans le village et menaça de le dévorer tout entier. Mon père y courut, et, de l'avis de tous les habitants, déploya en cette funeste circonstance un véritable héroïsme. Mais, hélas ! en allant chercher dans une maison tout en feu un vieillard, qu'il eut le bonheur de sauver, il reçut de si fortes contusions et fut tellement brûlé, qu'au bout d'un mois il expira.

« Lorsque la terre eut reçu la dépouille mortelle de mon père, et que nos dettes furent payées, il ne me resta presque rien. Je compris la nécessité de me mettre aux gages de quelque paysan aisé pour garder son troupeau ; je cherchai, et Dieu me fit la grâce de trouver une condition telle que je la souhaitais.

« Du vivant de mon père, qui était un peu musicien, j'avais commencé à apprendre de lui à jouer du violon. Ayant beaucoup de goût pour cet instrument et ne manquant pas de docilité, je fis des progrès assez remarquables, à ce que disaient nos voisins ; j'emportai mon violon, c'est celui que vous avez vu lorsque vous m'avez rencontré sur la route. Mon genre d'occupation me permettait de m'exercer tout le jour, et je n'avais garde d'y manquer, car je voyais dans le peu de talent que je pourrais acquérir un moyen honnête de subvenir plus tard à mes besoins. Une chose pourtant me désolait, c'était la mauvaise qualité de mon instrument. Tous les jours je priais Dieu de m'aider à en avoir un meilleur. Dieu a daigné exaucer les prières de l'orphelin ; il vous a envoyé à mon secours. Grâce à votre générosité, je possède aujourd'hui un instrument passable. A présent je ne craindrai plus de blesser les oreilles de ceux qui m'entendront, et mon violon sera mon gagne-pain. Oh ! non, je n'ai pas oublié que mon père en mourant m'a recommandé d'être reconnaissant ; mon cœur me le commande aussi ; et le bienfait que je tiens de vous, mon bon Monsieur, est si grand, que je me croirais un monstre d'ingratitude si j'en perdais jamais le souvenir. »

Le comte avait laissé Vincent raconter toute son histoire sans l'interrompre. L'air franc et ouvert, la sensibilité et la reconnaissance naïve de cet aimable enfant lui plurent tant, qu'il prit sur-le-champ le parti d'en avoir soin et de lui tenir lieu de père.

« Mais, dit le comte lorsque Vincent eut fini, ton père t'a aussi recommandé d'avoir une entière confiance en Dieu.

— Oui, Monsieur, et je me confie en Dieu comme en mon Père céleste.

— Et pourtant Dieu t'abandonne.

— Non, non ! Dieu ne m'abandonne pas, il n'abandonne jamais ceux qui ne cessent d'espérer en lui.

— Cependant te voilà orphelin, sans fortune, sans asile.

— Dieu a rappelé à lui mes parents, sans doute parce qu'il a jugé dans sa profonde sagesse qu'ils avaient assez longtemps langui sur cette terre, qui n'est pour l'homme qu'un lieu de passage ; et s'il m'a laissé seul en ce monde, c'est pour me mieux éprouver et me donner l'occasion de mériter, par ma résignation, par mon travail et par ma conduite, la félicité qu'il réserve aux fidèles. Quand même je ne trouverais pas un abri pour reposer ma tête ; quand personne ne me donnerait un sou pour acheter un peu de pain ; quand je serais accablé de misère, d'infirmités et d'humiliations ; quand, après de longues souffrances, je périrais de douleur et de faim, je ne me croirais pas encore abandonné de Dieu. On n'est pas abandonné de Dieu que lorsqu'on l'abandonne soi-même, lorsqu'on se jette dans le péché et qu'on refuse obstinément de revenir à Dieu par le repentir et la pénitence, malgré les avertissements et les châtiments que sa sollicitude nous envoie. Mais la douleur, la misère, aucun des malheurs de cette vie ne doit paraître aux yeux d'un chrétien que des leçons ou des épreuves attestant, au contraire, la bonté paternelle de Dieu, qui veut nous corriger et nous rendre meilleurs, afin que nous méritions les récompenses éternelles qu'il réserve aux justes dans l'autre vie. Mon père et ma mère m'ont toujours dit cela ; et, à mesure que la raison me vient avec l'âge, je reconnais qu'ils m'ont dit la vérité.

— Très bien, mon ami ; je voulais t'éprouver et voir comment tu répondrais ; je suis content de tes principes ; et, si tu veux, dès aujourd'hui tu peux entrer à mon service ; je me charge de ton avenir. »

Comment exprimer l'étonnement et la joie du bon Vincent ? Il resta un instant immobile, les yeux fixés sur le comte pour s'assurer que ce seigneur ne plaisantait pas, et que lui-même avait bien entendu.

« Eh bien ! reprit le comte, ma proposition ne te convient-elle pas ?

— Oh ! pardonnez-moi, mon bon Monsieur !... je ne m'attendais pas... je mérite si peu... mon Dieu, mon Dieu ! mon cœur est pénétré de reconnaissance, et je ne puis dire ce que je sens. »

En prononçant ces mots, Vincent s'était jeté à genoux devant le comte ; levant vers lui ses mains tremblantes d'émotion et ses grands yeux bleus remplis de douces larmes, il ajouta : « Je vous remercie, oui, je vous remercie de toute mon âme. Je vais donc ne plus être délaissé de tout le monde, je ne me croirai plus orphelin, je vous respecterai comme mon bon père, je vous obéirai de même ; rien ne me coûtera pour vous témoigner la gratitude que je vous devrai toute ma vie.

— Relève-toi, mon enfant, répondit le bon capitaine vivement ému lui-même, et dis moi pourquoi tu ressens tant de joie d'entrer à mon service. Tu gagnes assez, et tu es plus libre que tu le seras avec moi.

— Oui, M. le comte ; mais ma mère m'a souvent répété que la liberté ne convenait point aux enfants ni même aux jeunes gens ; qu'ils avaient besoin d'être guidés et maintenus dans ce monde par des personnes pieuses et sages, pour ne s'y point égarer et n'y point perdre leur âme. Eh bien ! la liberté dont j'ai joui depuis la mort de mon père, et dont j'ai bien tâché de ne jamais abuser, m'a toujours fait peur, parce que je pensais toujours aux paroles de ma mère. Vous êtes bon, pieux et sage, et je mettrai tant de zèle à vous servir, que vous daignerez me guider et me maintenir ?

— Qui t'a dit que j'étais bon, pieux et sage ?

— Dame ! mon bon Monsieur, il faut bien que vous soyez pieux et sage, puisque vous avez tant approuvé tout à l'heure les conseils de piété et de sagesse que ma mère m'a donnés ; et il faut aussi que vous soyez bien bon, puisque, la première fois que vous m'avez vu, vous m'avez donné une belle pièce d'argent ; que hier vous m'avez engagé à venir vous voir, et qu'aujourd'hui que vous savez que je suis un pauvre orphelin, vous voulez me prendre à votre service et vous charger de mon avenir.

— Serais-tu un flatteur ? reprit le capitaine en fronçant le sourcil.

— Mon Dieu non, répondit Vincent tout confus ; vous m'avez interrogé, je devais répondre, et ce n'est pas ma faute si vous avez agi envers moi de manière qu'en disant la vérité j'aie l'air de dire une flatterie ; mais la flatterie, c'est le mensonge ; et ma mère m'a recommandé sur toute chose de ne jamais mentir.

— A la bonne heure, reprit le capitaine. Ne mens jamais, lors même que la vérité devrait me fâcher, car je ne puis supporter le mensonge ni les menteurs. »

Bientôt Vincent reçut un habillement tout neuf et entra en fonction. Il se distingua par son exactitude et son zèle à remplir tous ses devoirs. Le capitaine se plaisait à lui témoigner sa satisfaction chaque fois que l'occasion s'en présentait, et s'attachait tous les jours davantage à ce vertueux jeune homme. Vincent s'en réjouissait, non par vanité, car il était naturellement modeste, et la religion et les sages conseils de ses parents l'avaient toujours prémuni contre l'orgueil ; mais il était heureux de penser que son maître voyait dans son zèle et dans toute sa conduite des preuves réelles de sa reconnaissance.

Robert, au contraire, se dépitait des éloges donnés à Vincent et de l'affection que le capitaine montrait pour son nouveau domestique. Robert, se croyant bien supérieur à son camarade, croyait qu'on ne devait donner de louanges qu'à lui seul ; et comme, à force d'examiner, il trouvait par-ci par-là quelque petite chose qu'il aurait fait autrement et à son avis beaucoup mieux que Vincent, il s'indignait de ce qu'il appelait l'aveuglement et l'injustice de son maître. C'est que, fier de sa ponctualité et de son zèle infatigables, Robert était arrivé par un excès de contentement de lui-même, à l'orgueil et à une dureté de caractère qui ne laissent plus dans le cœur aucune place à la sagesse et à l'équité.

Vincent avait l'âme tendre et charitable : il s'intéressait à tous les êtres souffrants, même aux animaux ; et quand un pauvre vieillard, ou un estropié, ou un enfant abandonné lui demandait l'aumône, il fallait qu'il n'eût rien pour ne rien leur donner. Souvent il partageait avec eux ou leur donnait tout entier le morceau de pain ou le fruit qu'il tenait à la main, et il y ajoutait une pièce de monnaie et de bienveillantes paroles ; aussi tous les habitants de l'hôtel aimaient et prenaient plaisir à vanter son humanité, et cela blessait encore l'amour-propre de Robert, dont le langage sec et les manières hautaines choquaient tous ceux qui le voyaient.

Un jour, Vincent, revenant de faire une commission, trouva blotti sous le banc placé à la porte de l'hôtel un chien maigre, hideux, tremblant de douleur et de crainte, qu'une troupe d'enfants cruels avaient poursuivi jusque dans cet asile, et auquel ils jetaient encore des pierres. A chaque coup la pauvre bête poussait des cris déchirants et tâchait de se mieux abriter en s'enfonçant dans un autre coin, et les enfants répondaient par des éclats de rire, et s'excitaient à redoubler leurs attaques.

A ce spectacle le bon Vincent se sentit ému de pitié, il courut se placer entre le chien et les enfants, et reçut à la jambe un violent coup de pierre ; son bas fut aussitôt inondé de sang.

« Que vous êtes méchants ! s'écria-t-il en portant

la main sur sa blessure. Cette malheureuse bête vous a-t-elle fait du mal ?

— Non, répondit le plus hardi des petits garçons, mais il est enragé !

— S'il était enragé il ne se cacherait pas ainsi, il courrait sur vous, il vous mordrait, et vous fuiriez tous devant lui.

— Eh bien ! reprit un second, plus grand que le premier, est-il à vous ? Il n'appartient à personne, nous voulons nous amuser à le tuer, cela ne vous regarde pas.

— Vous amuser à le tuer ! quelle barbarie ! s'écria Vincent.

— Oui, ajouta le même garçon, il faut bien le tuer pour qu'il ne devienne pas enragé, puisqu'il n'appartient à personne, et qu'ainsi personne ne lui donne à manger. Un vieux mendiant qui est venu mourir ici nous a dit qu'on le lui avait donné quinze jours auparavant. Le mendiant a été enterré hier dans le village là-bas, et le chien, qu'on a chassé du cimetière dont il ne voulait pas sortir, est venu ici dans la grande promenade, sans doute pour y chercher son maître, qui l'y avait amené plusieurs fois les jours précédents ; c'est là que nous l'avons trouvé ; il est à nous.

— Il est à vous pour le tuer ! ah ! c'est affreux ! vous n'avez pas pitié de la fidélité qu'il montre encore pour son maître en le cherchant partout ? Au lieu de lui donner un peu de pain, vous lui jetez des pierres ! Oh ! laissez-le aller, quelqu'un le prendra et le nourrira, et peut-être un jour le Seigneur, qui a soin de toutes ses créatures, récompensera la compassion de celui qui recueillera ce pauvre animal.

— Ah oui ! il est bien trop laid !

— La laideur n'empêche pas d'être bon ; et la bonté est la véritable beauté.

— Personne ne veut de cette vilaine et sale bête.

— Eh bien ! je le prends, moi.

— Non ! non ! il est à nous ! c'est nous qui l'avons trouvé, et nous voulons le tuer. Gare ! gare à vous ! il faut que nous le lapidions.

— Vous me lapiderez d'abord, méchants que vous êtes, » s'écria Vincent en restant devant le chien, toujours blotti sous le banc.

Cependant les clameurs des enfants avaient retenti dans les appartements de l'hôtel. On s'était mis aux fenêtres, et le capitaine considérait cette scène sans que Vincent, trop occupé de l'être souffrant qu'il avait résolu de sauver, s'aperçût qu'on l'examinait. Robert, attiré par le bruit, arriva dans la rue, et, s'étant informé de ce qui se passait, blâma la pitié de son camarade, dont l'inaltérable douceur l'avait enhardi à prendre des airs et un ton de supériorité inconvenants.

« Allons, dit-il, laisse ce vilain chien, qui n'est pas à toi, et rentre tout de suite à l'hôtel.

— Il est à moi, répondit Vincent avec une fermeté que Robert n'attendait pas d'un jeune homme qu'il avait trouvé jusque alors si docile à ses commandements ; il est à moi, puisque je le prends, et que ces enfants déclarent eux-mêmes qu'il n'appartient à personne ; je rentrerai à l'hôtel quand il me plaira ou quand M. le comte l'ordonnera. Ce n'est pas toi qui es mon maître, et tu ne m'empêcheras pas de sauver un animal dont les douleurs et la fidélité devraient t'intéresser comme moi. »

Robert, furieux, allait répliquer, et peut-être les deux domestiques en seraient venus aux mains, car l'un paraissait déterminé à se faire obéir, et l'autre, quoique plus jeune et plus faible, ne semblait pas moins décidé à résister, lorsque le capitaine appela Robert et commanda aux enfants de s'éloigner. Ceux-ci n'en voulurent rien faire; au contraire, ils s'apprêtaient à se jeter sur Vincent et à chasser le chien hors de sa retraite; mais les valets de la maison, qui étaient survenus aussi, voyant de quoi il s'agissait, et approuvant la compassion de Vincent, qu'ils aimaient tous autant qu'ils blâmaient la cruauté des enfants ameutés contre lui, rentrèrent un instant, revinrent armés de fouets de poste et donnèrent la chasse à tous ces jeunes vauriens, qui en s'enfuyant se culbutaient les uns sur les autres et poussaient des cris affreux. Il fallut que Vincent lui-même intercédât pour eux. A sa prière les valets cessèrent de les poursuivre.

Alors Vincent caressa le pauvre chien, qui lui lécha la main; il l'attira à lui et l'emporta dans la cour de l'hôtel.

« Ma foi! dit le palefrenier, il est bien laid!

— Et bien sale aussi! repartit un postillon.

— Comment Vincent peut-il toucher et vouloir garder une bête pareille! ajouta un marmiton.

— Il souffre, il est malheureux, répondit Vincent;

cela ne doit-il pas suffire pour intéresser ? et puis il est fidèle.

— Mais, reprit le capitaine qui survint, Robert fait une observation très juste : pour le nourrir, comment feras-tu ? il faudra que tu me prennes ce que tu lui donneras ; ainsi ta pitié va te mener au vol.

— Non, non, M. le comte, je le laisserais plutôt mourir de faim, je mourrais plutôt moi-même que de prendre à qui que ce soit une bouchée de pain. Mais vous me nourrissez, M. le comte, ce que vous m'accordez pour ma nourriture est à moi, je ne ferai de tort à personne en lui en donnant une partie. Si ce n'est pas assez, je prendrai sur mes gages pour ajouter ce qu'il faudra. Soyez persuadé, M. le comte, que je ne demanderai rien de plus que ma part ordinaire, et si vous ne me permettez pas de le garder, je tâcherai de trouver à le donner à quelqu'un qui en aura bien soin.

— Et où le logeras-tu ?

— Dans l'écurie ; on ne s'y opposera pas, il est si bon, si caressant ! »

En effet, le pauvre animal, ayant à peine la force de se soutenir, s'appuyait contre les jambes de Vincent et ne cessait de lui lécher les mains en signe de reconnaissance. Ils regardait successivement tous ceux qui prenaient part à ce débat, il semblait les écouter et les comprendre, et quand, pour détourner Vincent de le garder, on lui disait qu'il était laid et dégoûtant, il fixait sur les yeux attendris de Vincent des yeux si doux, si suppliants, que le généreux enfant ne put retenir ses larmes.

Le système de sévérité du capitaine n'était qu'une erreur de son esprit, il était sensible et compatissant avant tout. Ce malheureux animal lui fit pitié à lui-même, et dans les observations qu'il adressait à Vincent, son but principal était d'éprouver son nouveau domestique, car il se piquait d'une grande sagacité et il aimait à bien connaître les individus qu'il prenait à son service. Le rigorisme de Robert, qui s'accordait merveilleusement avec ses idées, l'avait séduit, comme on l'a vu précédemment: néanmoins sa belle âme souffrait de rencontrer tant de roideur et de sécheresse dans un si jeune garçon, et il ne pouvait s'empêcher de trouver Vincent infiniment plus aimable, précisément à cause de la sensibilité de ce bon jeune homme, et malgré lui c'était toujours à Vincent qu'il confiait tous les soins, toutes les affaires qui devaient le rapprocher davantage de sa personne.

« Eh bien ! dit le capitaine feignant de faire un grand effort sur lui-même, puisque tu le veux, garde ce chien, tu le nourriras des restes de la cuisine ; je donnerai des ordres pour cela, car je ne veux pas qu'à ton âge, où l'on a si bon appétit, tu te prives de nourriture pour lui.

— Oh ! que je vous remercie, M. le comte, toute ma vie je me souviendrai du bien que vous m'avez fait et de la générosité avec laquelle vous me donnez la permission et les moyens de faire une aussi bonne action en sauvant ce pauvre animal. Tenez, M. le comte, il était abandonné comme je l'étais quand vous avez eu la charité de me recueillir, et je tâcherai d'être reconnaissant et fidèle comme lui.

« — Il se compare à un chien ! murmura Robert avec un rire sardonique.

— Et plût à Dieu, reprit doucement Vincent, que les hommes imitassent l'héroïque fidélité du chien. C'est une vertu bien belle et bien rare, dont ces bons animaux nous donnent fréquemment de touchants exemples ; et en cela ce n'est pas de l'humilité, c'est presque de l'orgueil à l'homme que de se comparer au chien. »

Robert allait répliquer, mais en promenant un regard rapide sur les spectateurs il reconnut que tous, et même le capitaine, approuvaient la réponse de Vincent, et il se tut ; mais cette affaire accrut encore sa jalousie et son aversion pour Vincent, et son dépit contre le capitaine.

Vincent s'empressa de laver le chien, que les enfants avaient couvert de boue ; et un vieux garçon d'écurie, ancien chasseur et grand connaisseur en tout ce qui concerne la chasse, voulut aider le bon jeune homme. Il se trouva que ce chien si laid était précisément un de ces grands chiens de la superbe race de Terre-Neuve, si célèbres par leur intelligence, leur courageuse fidélité et l'adresse, la vigueur avec laquelle ils nagent dans les eaux les plus agitées et les plus impétueuses.

Ce fut une pénible et longue besogne que de le nettoyer et de le peigner, il était difficile de le faire en un jour. Mais quand l'éponge du garçon d'écurie eut enlevé sur tout le corps le plus gros des ordures, et entièrement lavé la tête et le cou ; lorsque avec le peigne de ses chevaux cet homme eut bien démêlé les poils de ces deux parties, il s'écria :

« Tiens, mon enfant, regarde-le à présent, tu peux te vanter de posséder l'un des plus beaux et peut-être le plus beau chien de Terre-Neuve qu'on ait jamais vu ! » En examinant les gencives et les crocs, il ajouta: « Et il a tout au plus cinq mois !

— Qu'est-ce que c'est donc qu'un chien de Terre-Neuve ? demanda Vincent ; ce n'est donc pas un chien comme un autre ?

— Oh que non, da ! les chiens de Terre-Neuve sont les plus intelligents, les plus adroits, les plus attachés de tous les chiens, et surtout les meilleurs nageurs. Dans ma jeunesse j'ai navigué quelques années sur un navire qui me ramenait de l'Amérique septentrionale en Europe, il y avait à bord un de ces chiens parvenu déjà à la force de l'âge. Durant la traversée il sauva son maître et ensuite un mousse qui étaient tombés dans la mer. C'est un trésor qu'un pareil chien, surtout aujourd'hui que la guerre ne permet pas d'en aller chercher à Terre-Neuve ; et je suis sûr que, si l'on savait que tu en as un si beau, et qui, à mon avis, deviendra de la plus grande taille, tu trouverais plus d'un seigneur qui t'en donnerait au moins cinquante louis, peut-être cent ! parce que, comme je t'ai dit, il est impossible d'en faire venir à présent.

— Je vous remercie beaucoup de m'avoir fait connaître le prix de cet animal, répondit Vincent ; mais je vais lui donner à manger, il meurt de faim. »

Aussitôt Vincent conduisit le chien à la cuisine et lui donna une soupe qu'on avait déjà préparée par l'ordre du capitaine. Le pauvre animal mangea avec avidité et laissa l'écuelle aussi nette que si elle eût passé par la main de la meilleure laveuse de vaisselle ; puis il se tourna vers Vincent, qui le contemplait avec un plaisir infini et roulait déjà mille pensées dans sa tête.

CHAPITRE IV

LE JEUNE DOMESTIQUE RECONNAISSANT

Après avoir rendu au chien toutes les caresses qu'il en recevait, Vincent le mena dans l'écurie, l'attacha dans un coin et lui fit une bonne litière ; puis le jeune domestique alla où l'appelait son devoir.

« Tu as été bien longtemps près de ton chien, lui dit le capitaine, il te fera négliger ton service ; tu sais que j'exige de l'exactitude. »

Ce reproche fut très sensible à Vincent, qui aurait voulu n'en mériter jamais, et à qui le capitaine n'avait pas encore eu l'occasion d'en adresser un seul. Robert entendit que l'on grondait son camarade et en éprouva une coupable joie.

« M. le comte, répondit timidement Vincent, je vous supplie de me pardonner cette faute, je n'y retomberai plus, je l'espère. Mais, ajouta-t-il, Jacques me disait sur ce pauvre chien des choses qui m'ont tant intéressé !

— Et que pouvait-il te dire de si intéressant sur un animal qu'il voit pour la première fois ?

— Si vous l'ordonnez, M. le comte, je vous répè-
terai ce qu'il m'a dit ; mais... si j'osais... vous prier...
de ne pas l'exiger.

— Comment ! c'est donc un mystère ? allons, mon
ami, garde ton secret.

— Ah ! M. le comte ! s'écria Vincent, tout près de
pleurer, ne vous fâchez pas, je vous en conjure ; ne
me soupçonnez pas de désobéissance, je vais vous
dire tout de suite ce que j'aurais désiré vous dire un
peu plus tard.

— Je ne me fâche pas, mon enfant, reprit le capitaine de l'air le plus rassurant, tu parleras quand tu
voudras. »

Vincent voulait nettoyer, peigner et engraisser le
chien pour l'offrir dans toute sa beauté au capitaine.
Il se promettait de lui faire ainsi une agréable surprise, car il savait déjà que le capitaine aimait beaucoup les beaux chevaux et les beaux chiens ; et d'après
ce qu'avait dit le vieux Jacques, un jeune et beau
chien de Terre-Neuve devait être un inestimable présent à faire à un amateur. Voilà le seul motif de la
réserve de Vincent.

Plusieurs heures se passèrent sans qu'il pût retourner à l'écurie. Quand il y revint, quelle fut sa surprise de trouver le chien parfaitement peigné ! ses
longues soies noires et blanches étaient d'une finesse
et d'une propreté remarquables : ses longues oreilles
le coiffaient on ne peut mieux ; sa belle queue, maintenant relevée, s'étalait en panache ; il avait déjà repris des forces en mangeant une seconde soupe.
Lorsqu'il vit entrer Vincent, il s'élança vers lui, mais

la corde le retint ; il l'appela des yeux et de la voix ;
sa queue soyeuse s'agitait avec une vive impatience,
et sa physionomie expressive, ainsi que ses tendres
aboiements, semblait dire : « Ah ! te voilà, toi qui
m'as sauvé ! viens donc vite que je te témoigne ma
reconnaissance et mon dévouement par mes caresses. »

Vincent courut au bon animal, qui pleurait d'allégresse ; quand ils se furent bien caressés, le jeune
garçon remercia Jacques, car c'était le vieux Jacques
qui avait achevé d'approprier le chien et lui avait apporté une seconde soupe.

Au bout de quinze jours, le chien, auquel Vincent
avait donné le nom de *Terre Neuve*, eut repris des
forces et un embonpoint convenable. Comme l'avait
prédit Jacques, il grandissait à vue d'œil, c'était déjà
un superbe animal. Un jour, un baron allemand, ré-
cemment arrivé à l'hôtel, vint voir ses chevaux à l'é-
curie, car les Allemands aiment beaucoup leurs chevaux et en ont le plus grand soin. Il aperçut Terre-
Neuve, l'examina de près et le trouva si beau, qu'il
résolut de l'acheter coûte que coûte. Jacques était
présent, l'étranger lui demanda si ce chien était à
vendre. Jacques répondit que non, mais que, comme
il appartenait à un jeune domestique, celui-ci pourrait sans doute se décider à s'en défaire, s'il en trouvait un prix capable de le tenter. Jacques fit observer
que la guerre maritime, empêchant toute relation entre
le continent et Terre-Neuve, rendait ces chiens très
rares et en rehaussait énormément la valeur. Enfin il
parla si bien, que l'étranger offrit soixante louis.

En préparant ce marché, le vieux Jacques ne pensait qu'à l'intérêt de Vincent, dont le caractère aimable enchantait tout le monde ; il courut aux appartements du comte, et était si aise de porter à son jeune ami une si bonne nouvelle que, ne trouvant point Vincent dans l'antichambre et l'entendant parler au comte dans une pièce voisine, il y entra tout droit avec son sarrau et ses gros sabots d'écurie, et s'écria tout transporté : « Vincent, soixante louis pour ton chien ! viens vite, le marché est conclu, il n'y manque que ton approbation !

— Soixante louis pour cette vilaine bête ? repartit le capitaine très étonné, à qui Vincent avait soigneusement caché Terre-Neuve.

— Oui, M. le comte, soixante louis, et Terre-Neuve vaut bien cela, répond le palefrenier.

— Terre-Neuve !... c'est donc un chien de Terre-Neuve ?

— Et un des plus beaux encore ! et lorsqu'il aura pris toute sa croissance et toute sa force, il saura bien défendre son maître contre un et même contre plusieurs voleurs, ou le retirer de l'eau quand il faudrait l'aller chercher au fond de la mer.

— Peste ! reprit le comte, un chien de Terre-Neuve, et de grande taille ! c'est une race d'un prix considérale. Eh bien ! Vincent, voilà ce que c'est que d'avoir un cœur sensible : tu croyais ne faire qu'une bonne action en sauvant et soignant ce malheureux animal, et voilà que tu as fait une chose très profitable pour toi. Il en est presque toujours ainsi : Dieu se plaît à faire tourner les bienfaits au profit du bienfaiteur lui-même : soixante louis ! c'est un trésor à ton âge et dans ta position ! va, mon enfant, va vite de peur qu'on ne se ravise. Il faut être alerte à saisir les bonnes occasions, ou elles fuient et ne reviennent plus. Moi aussi je suis amateur de beaux chiens et surtout de ceux de Terre-Neuve ; pourtant, s'il fallait donner soixante louis du plus beau de ces animaux, j'y regarderais à deux fois. Avec une pareille somme on peut soulager tant de misères ! Va, va bien vite.

— Viens donc, s'écria l'impatient Jacques ; je croyais, moi, te faire sauter de joie en t'apportant une si brillante proposition, et tu n'as pas l'air d'en être trop satisfait.

— C'est que je ne me soucie pas de vendre Terre-Neuve à cet étranger.

— Songe donc, continua Jacques, qu'il t'en offre soixante louis ! cela fait soixante fois vingt-quatre francs ; cela fait mille quatre cent quarante francs ; avec cela tu pourrais acheter un champ ou une jolie maisonnette, ou bien, si tu plaçais aujourd'hui cette somme à cinq pour cent d'intérêts, et que tu laissasses les intérêts s'ajouter au capital pendant vingt ans, cela ferait ensemble tout plein d'argent, je ne sais pas combien, mais assez pour t'assurer des moyens d'existence quand tu seras vieux, incapable de servir et de travailler.

— Mon bon Jacques, je vous remercie de l'intérêt que vous me portez ; mais quand même on m'offrirait un million, des terres et un château, je ne vendrais pas Terre-Neuve à cet étranger ni à personne.

— Qu'en veux-tu donc faire ? fit observer le capitaine. Si tu étais un homme riche, je concevrais que tu voulusses absolument garder cet animal ; mais tu n'es qu'un simple domestique, tu n'as pas seulement un logement à toi ; si je t'emmène dans un long voyage ou à la guerre, ton chien ne pourra pas facilement te suivre.

— M. le comte, je vous en prie à mains jointes, ne m'ordonnez pas de vendre un chien si précieux, car je vous obéirais, et je serais inconsolable de...

— A la bonne heure. Puisque tu es si décidé, garde-le, mon enfant, repartit le comte ; mais il faut rendre réponse à cet étranger ; je suis moi-même curieux de voir ce chien, auquel je n'ai fait encore aucune attention, tant il était hideux, sale et décharné. Allons à l'écurie. »

Ils descendirent tous trois. Le capitaine ne fut pas peu surpris lorsqu'il vit le chien si propre, si bien portant et si beau. « Il me semble qu'il a déjà grandi beaucoup, dit-il.

— Et sans compter qu'il grandira encore beaucoup, répondit Jacques. J'ai fait un voyage à Terre-Neuve, je connais cette race précieuse, et je vous assure, M. le comte, que celui-ci deviendra d'une rare beauté. »

L'étranger, qui, pendant l'absence de Jacques, s'était amusé avec le chien et l'avait considéré à son aise, parut très désappointé lorsqu'il vit qu'on ne voulait pas le lui vendre ; et, si Vincent n'avait pas si positivement déclaré sa volonté de le garder, il aurait encore offert une somme plus forte. L'étranger et le comte examinèrent ensemble cette bête, et vantèrent beaucoup sa beauté, surtout les qualités de cette race peu commune en Europe ; et il était facile de remarquer que le capitaine aurait bien voulu avoir Terre-Neuve.

Après le départ de l'étranger, le capitaine, qui l'avait accompagné en causant jusqu'au milieu de la cour, revint à l'écurie pour visiter ses chevaux, disait-il ; mais il oublia les chevaux, et ne pensa qu'à Terre-Neuve, qui lui faisait presque autant de caresses qu'à Vincent. En se retirant, il dit à celui-ci : « C'est une bête admirable ! aies-en soin, je paierai moi-même sa nourriture ; et, si jamais il te vient la fantaisie de le vendre, ne manque pas de m'en prévenir avant d'en parler à personne. »

Vincent comprit très bien la pensée du capitaine, sa figure s'épanouit, et il dit : « M. le comte, j'ai envie de vendre Terre-Neuve, cette envie vient de me prendre tout à coup.

— Vraiment ? cela est singulier ; pourquoi ne l'as-tu pas vendu tout à l'heure ?

— Je n'en avais pas envie alors.

— Et tu en as envie à présent ?

— Oui, M. le comte.

— Il faut rappeler ce monsieur.

— Mon envie se passerait tout de suite.

— Je ne comprends pas cela.

— Moi, je le comprends bien, s'écria le vieux Jacques.

— Eh bien ! que veut-il dire ? demanda le capitaine.

— Pardine ! ce n'est pas difficile à deviner, quand on connaît Vincent. Il ne veut pas vendre un si bon chien à cet étranger, parce qu'il ne doit rien à cet étranger ; mais il grille de vous le vendre à vous, parce que vous l'avez recueilli quand il n'était, lui, qu'un pauvre orphelin abandonné de la terre entière ; n'est-ce pas, Vincent ? »

Vincent rougit, baissa les yeux et se tut.

« Eh bien ! Vincent, tu ne réponds pas ? dit le capitaine qui commençait lui-même à deviner l'intention de son jeune domestique. Est-il vrai que c'est à moi seul que tu aies envie de vendre ton chien ?

— Oui, M. le comte, répondit Vincent en rougissant davantage.

— Et combien en veux-tu ? tu viens d'en refuser soixante louis ; est-ce soixante-cinq qu'il te faut ?

— Non, M. le comte.

— Combien donc en demandes-tu ? c'est déjà bien cher pour moi.

— Aussi trouvé-je que c'est trop.

— Voyons donc, explique-toi nettement, et dis ce que tu veux.

— Je gagerais qu'il ne veut rien, s'écria le vieux Jacques, rien que le plaisir de vous l'offrir, si vous aviez la bonté de l'accepter.

— Est-ce vrai, Vincent ? »

Vincent tout confus, fit de la tête un signe affirmatif.

« Oh ! rien, c'est trop peu, reprit le capitaine. Je veux que tu me demandes au moins quelque chose, ou tu garderas ton chien, qui pourtant me fait grand envie.

5.

— Alors, M. le comte, répondit Vincent, puisque vous l'exigez, je vous demanderai le moins beau de vos mouchoirs, ou une cravate dont vous ne voudrez plus ; enfin, quelque chose qui vous ait appartenu, et que je conserverai comme un souvenir de votre bonté pour moi.

— Allons ! va pour un mouchoir ou une cravate ; seulement tu me permettras bien d'y joindre une montre en argent, qui, en te disant exactement l'heure, te donnera le moyen d'être exact et de faire ton service. Tu vois que cela est dans mon propre intérêt. »

Le marché ainsi conclu, le capitaine caressa son chien, le recommanda au vieux Jacques et à Vincent. et retourna dans son appartement, enchanté du désintéressement et de l'attachement de son jeune domestique. Une heure après, il sortit et acheta la montre promise. Il la demanda excellente, y mit le prix convenable, et revint la donner à Vincent, qui la reçut avec une vive reconnaissance, quoiqu'à regret, car il aurait désiré faire présent de Terre-Neuve à son maître ; et il lui semblait qu'en acceptant la montre, dont il s'exagérait la valeur, il vendait ce qu'il aurait eu tant de plaisir à donner.

Le capitaine était si content de son chien, que tous les jours il l'emmenait à la promenade, où tout le monde remarquait et admirait ce bel animal. Le vieux Jacques le dressa parfaitement et lui apprit mille gentillesses. Souvent il le conduisait à la rivière pour l'habituer à plonger et à retirer de l'eau des choses pesantes. enveloppées de linge, pour qu'elles fussent plus faciles à saisir, et dont il augmentait pro-

gressivement le poids et le volume, afin que Terre-
Neuve devint bientôt capable de retirer de l'eau une
personne en péril. Le capitaine et une foule de curieux assistaient à ces exercices, les dames mêmes
voulaient en avoir le spectacle ; et quoiqu'en sortant
de l'eau et déposant sur la rive le paquet de pierres
qu'il avait repêché, Terre-Neuve secouât son épaisse
toison, de manière à inonder toutes les toilettes, les
dames ne s'en montraient pas moins empressées à
le féliciter et à le caresser. Jacques l'accoutuma aussi
à faire le guet la nuit ; au bout de peu de jours
Terre-Neuve fut la plus vigilante des sentinelles. Il
couchait dans l'antichambre du capitaine, et nul que
Robert et Vincent ne pouvait passer sans qu'il cou-
rût se placer à la porte de son maître pour la défendre. Dès le matin, le capitaine sonnait, Vincent ou-
vrait la porte, et Terre-Neuve allait souhaiter, à sa
manière, le bonjour à son maître. Dès que celui-ci,
voulant se lever, mettait les jambes hors du lit,
Terre-Neuve, aussi attentif domestique que courageux
gardien, s'empressait de présenter les pantoufles ; le
soir, le comte les lui faisait placer à l'autre bout de
la chambre, pour avoir le plaisir de les lui voir rapporter le lendemain. Guidé par son odorat, qu'il avait
très subtil, ce bel animal, obéissant à des signes
qu'il connaissait, allait chercher bien loin, trouvait et
rapportait des objets que son maître avait cachés
soit dans un bois, soit dans un fossé. Enfin, Terre-
Neuve, ayant parfaitement profité des leçons du vieux
Jacques, était un chien très amusant, très sûr, très
précieux et le capitaine s'applaudissait tous les jours

de le posséder. C'était une grande satisfaction pour le bon Vincent, et un sujet nouveau de dépit et de haine pour Robert, qui depuis ce temps ne songea plus qu'au moyen de perdre Vincent dans l'esprit du comte, et qui ensuite, désespérant d'y parvenir, finit par détester le comte lui-même, au point de chercher le moyen de se venger de son maître.

CHAPITRE V

LA CHARITÉ RÉCOMPENSÉE — LE CRIME PUNI

Les choses en étaient là quand, à la fin de la saison des eaux, le capitaine partit de Carlsbad pour retourner à son domaine.

En arrivant au château, le premier soin du comte fut de charger le maître d'école, qui avait beaucoup d'instruction, de donner à Vincent des leçons particulières afin qu'il apprît très promptement à lire, à écrire, à compter et à parler correctement. Vincent joignait aux plus heureuses dispositions la meilleure volonté et une docilité exemplaire ; aussi fit-il de très rapides progrès ; et Robert qui jusqu'alors l'avait méprisé à cause de son ignorance, se trouva bien moins savant que lui. Quoique Vincent fût très modeste et qu'il évitât soigneusement tout ce qui pouvait blesser l'amour-propre de son camarade, dont il connaissait le caractère ombrageux et jaloux,

Robert ne s'aperçut que trop de la supériorité morale que le nouveau domestique prenait chaque jour
sur lui, et ce fut encore pour lui un nouveau sujet
de dépit et de haine.

Pour combler la mesure, le comte entreprit, trois
ans après, un long voyage, et n'emmena que Vincent.
Robert resta au château, où son maître lui confia des
soins qui demandaient un homme actif et sûr. Robert
se crut définitivement supplanté par Vincent, qu'il
accusait de flatterie, d'astuce et d'ambition.

Cependant le comte n'alla pas aussi loin qu'il
l'avait annoncé. A peine était-il arrivé à quelques
journées de marche de son château, que les bruits
d'une guerre prochaine se répandirent, et avec une
telle apparence de vérité, qu'il s'empressa de revenir chez lui, afin de recevoir les ordres qui pourraient le rappeler à son régiment si l'armée entrait en
campagne.

Effectivement, deux jours après son retour, il reçut l'ordre de partir sans délai. Il avait déjà terminé
tous ses préparatifs ; et le lendemain, au lever de
l'aurore, il partît avec Robert et Vincent ; Terre-
Neuve, qui ne le quittait plus, fut aussi du voyage.

Quand le capitaine sortit du village, tous les paysans fondirent en larmes, tous semblaient perdre un
père chéri. Lorsque la voiture disparut derrière les
collines, tous rentrèrent chez eux en pleurant, tous
se mirent à prier Dieu de protéger les jours de ce
bon seigneur et de le ramener sain et sauf.

La voiture roulait péniblement sur un mauvais chemin de traverse qui menait du village à la grand'route,

qu'il joignait auprès d'une auberge isolée. La nuit était déjà close et les chevaux harrassés, quand on arriva à cette auberge. L'hôte conduisit le comte dans la plus belle chambre, Terre-Neuve l'y suivit ; Vincent et Robert y portèrent les effets et allèrent commander le souper ; ensuite ils revinrent servir leur maître.

Vincent que sa sollicitude pour le capitaine rendait observateur et défiant, crut apercevoir dans cette maison, d'ailleurs fort grande, quelque chose de suspect. Il voulait en parler au comte ; mais il n'osa pas, parce qu'en effet, il n'avait rien à dire que ses soupçons, ou plutôt ses pressentiments, dont son maître n'aurait tenu aucun compte ou peut-être se serait moqué.

Le souper fini, le comte ferma sa porte, fit sa prière et se coucha, après avoir mis son sabre et ses pistolets sur une table près de son lit ; c'était sa coutume en temps de guerre, et pour cela il n'attendait pas d'être en présence de l'ennemi, il commençait dès son premier gîte en partant de Saint-Prix. Terre-Neuve s'étendit entre le lit et la porte ; le comte souffla sa lumière, et bientôt le maître et le chien s'endormirent.

Le cocher, que l'hôte avait fait boire plus que de raison, se coucha sur la litière, sous la mangeoire de ses chevaux ; l'hôte avait aussi cherché à enivrer Vincent et Robert. Le premier s'était abstenu par sagesse et surtout par défiance, et le second pour ne pas tomber dans une faute qu'évitait son compagnon L'hôte, ne pouvant réussir dans son projet, les conduisit à une chambre très éloignée de celle du comte et leur souhaita le bonsoir.

Vincent, après avoir fermé la porte à double tour, se mit à visiter tous les recoins de la chambre, et, n'y trouvant rien, se coucha tout habillé, avec la résolution de ne point s'abandonner au sommeil, de prêter toute la nuit une oreille attentive et, au moindre bruit, de voler au secours de son maître.

Il fit part de ses craintes à Robert ; celui-ci s'en moqua, le traita de peureux et, s'étant déshabillé complètement, se mit au lit et ne tarda point à dormir.

Tout semblait reposer dans l'auberge ; mais vers une heure du matin, l'hôte dit à sa femme : « Il est temps, prends ta lanterne sourde, je vais chercher Legroux et nous irons expédier ce comte, ses domestiques et son cocher. La capture sera bonne aujourd'hui : il y a longtemps que nous n'en avons fait une pareille.

— Va doucement, » reprit la femme ; et elle apprêta la lanterne sourde, pendant que son mari allait chercher Legroux.

Legroux était un homme d'une trentaine d'années, grand, vigoureux et profond scélérat, ainsi que l'hôte, appelé Rudar, dont il était le domestique ou plutôt le complice. La vieille Rebecca ne valait pas mieux que son mari, et leur auberge avait déjà été le théâtre de plusieurs assassinats.

Les deux hommes, armés de longs couteaux bien affilés, montèrent avec la vieille, qui portait la lanterne ; tous trois marchaient sur la pointe du pied, l'oreille la plus fine n'aurait pu les entendre. Ils s'arrêtèrent à la porte pour écouter et regarder par le trou de la serrure. Ils ne virent point de lumière dans la chambre, ils entendirent la respiration un peu bruyante du comte profondément endormi.

« Bon ! dit Rudar à voix basse, il ronfle de toutes ses forces ; dans un moment son affaire sera faite. Tourne ta lanterne, Rebecca, de peur que la lumière ne réveille le chien ou lui, et donne-moi la clef. Je me charge du chien ; toi, Legroux, charge-toi du maître.

— Ce diable de chien ne me rassure pas, répondit Legroux ; il nous jouera quelque mauvais tour ; j'aimerais mieux rencontrer deux hommes à sa place.

— Deux hommes endormis, n'est-ce pas ? va, tu n'es qu'un poltron ! je te répète que je me charge du chien.

Legroux secoua la tête d'un air mécontent ; Rudar, plus audacieux, haussa de mépris les épaules ; la vieille donna la clef, tourna sa lanterne ; alors ils se trouvèrent dans les ténèbres. Rudar introduisit la clef dans la serrure, toujours bien huilée à dessein, et la tourna si doucement qu'il s'applaudissait de son adresse. Il ouvrit la porte et entra. Encore un moment et le comte, qui dormait toujours, allait être assassiné. Mais Terre-Neuve, qui semblait écouter en dormant, avait entendu la porte s'ouvrir ; en un bond il sauta sur Rudar et le saisit à la gorge avec ses longues dents, le serra et le secoua d'une manière si terrible, que le malheureux n'eut ni le temps ni la force de se servir de son couteau. Legroux, voulant le secourir, frappa dans l'obscurité et, au lieu d'atteindre le chien, atteignit son complice d'un coup qui lui traversa la poitrine.

Au même instant Terre-Neuve s'élança sur ce nouvel assaillant et le prit de même à la gorge. Eveillé en sursaut par le bruit de cette lutte, le comte se jeta à bas du lit, saisit de la main droite son sabre nu, de la gauche un pistolet qu'il tira au hasard, pour éclairer la chambre, reconnaître ce qui se passait et voir où il devait porter ses coups. La balle cassa l'épaule à Legroux, qui tomba en criant : « Pardon !... » Soudain Terre-Neuve courut à la vieille et la retint par son cotillon ; déjà elle descendait l'escalier, et, afin d'aller plus vite, venait d'ouvrir sa lanterne.

Prompt comme l'éclair, le capitaine s'élança sur elle, lui prit sa lanterne, écarta Terre-Neuve, qui grondait toujours, fit remonter la vieille et referma la porte, qu'il barricada par précaution, car il ne savait pas s'il n'y avait dans l'auberge que les deux brigands étendus sur le carreau de sa chambre.

« Réponds vite et réponds la vérité, ou tu es mort, dit-il à Legroux en lui mettant la pointe de son sabre sur la poitrine. Combien y a-t-il de brigands dans cette auberge ?

— Il n'y a que nous deux, » répondit Legroux en faisant d'horribles contorsions, tant il souffrait de son bras.

Au même instant on entendit plusieurs hommes marcher à pas précipités.

« Tu me trompes, scélérat, s'écria le capitaine ; je devrais te passer mon sabre au travers du corps. » Puis, songeant que ce bandit était hors d'état de nuire et qu'il fallait avant tout se défendre, il prit son second pistolet, se plaça près de la porte, le sabre et le pistolet au poing, et dit :

« A moi, Terre-Neuve ! »

Terre-Neuve se rangea près de lui, prêt à combattre jusqu'au dernier soupir.

Cependant les hommes continuaient de monter, ils approchaient, ils frappèrent violemment. Le comte se mit en défense et Terre-Neuve, au lieu de s'irriter, alla se placer le museau contre la jointure de la porte; il flairait, il remuait vivement la queue, regardait le capitaine et semblait lui dire : « Ouvrez, ce son des amis ! »

Vincent et Robert crièrent en même temps :

« M. le comte, ouvrez, nous venons à votre secours. »

Le comte ouvrit. « Vous venez trop tard, leur dit-il ; la besogne est faite. Tout l'honneur appartient au brave Terre-Neuve. »

Ensuite il leur conta ce qui venait de se passer. Vincent, transporté de joie en voyant son maître sauvé d'un si grand péril, ne put s'empêcher d'embrasser Terre-Neuve, et celui-ci lui rendit avec usure ses caresses ; ce fut seulement alors qu'on s'aperçut que ce courageux animal avait trois blessures assez graves, par lesquelles il perdait beaucoup de sang. Vincent et le capitaine en furent très affligés et s'empressèrent de laver les blessures et de les panser. Robert, au contraire, éprouvait un sentiment de rage en pensant que cet exploit du chien allait rendre Vincent encore plus cher à leur maître ; et, s'il n'eût tenu qu'à lui, il aurait plongé son couteau de chasse dans les flancs de la généreuse bête.

Ensuite, le capitaine fit garotter Legroux, quoiqu'il fut grièvement blessé ; les cordes des malles servirent à cet usage. Rudar était déjà mort, il avait le cœur traversé de part en part. Puis le capitaine commanda à la vieille de les conduire par toute l'auberge, dont il voulait visiter les moindres recoins : elle marchait devant, le capitaine la suivait. Vincent venait ensuite portant la lanterne ; Robert, tenant une autre lumière (celle du comte qu'on avait rallumée), formait l'arrière-garde, et Terre-Neuve, oubliant ses blessures, voltigeait de la tête à la queue de la troupe, examinant tous les recoins et flairant partout ; Robert avait eu soin de fermer la porte à double tour et d'emporter la clef. Le capitaine était armé d'un pistolet et de son sabre, les deux domestiques de leurs couteaux de chasse et Terre-Neuve de son courage et de ses redoutables dents.

On alla d'abord à l'écurie, où l'on devait trouver un renfort dans la personne du cocher, jeune homme de vingt-huit ans, dont le capitaine connaissait la hardiesse et la vigueur. On eut beaucoup de peine à le réveiller, cependant on y parvint ; il prit une fourche et voulut marcher devant la vieille, en avant-garde. Après les plus minutieuses perquisitions, on revint à la chambre du capitaine sans avoir rien découvert, et la vieille, ainsi que Legroux, protesta qu'il n'y avait personne de caché dans l'auberge.

Le capitaine, pressé d'arriver à son régiment, désirait partir au point du jour ; il écrivit donc une lettre au chef de la police de la ville voisine, où il exposait succintement les événements de cette nuit; et il priait ce magistrat d'envoyer ses agents au plus vite occuper l'auberge, et recevoir sa déclaration et les deux prisonniers. Enfin Robert prit le meilleur cheval de son maître et alla porter cette lettre. La ville n'était qu'à deux lieues; quatre heures après, le magistrat arriva lui-même avec un détachement de la force armée; en peu de temps il eut fini avec le capitaine, qui se trouva ainsi libre de partir au lever de l'aurore.

On a su, depuis, que plusieurs personnes assassinées pendant leur sommeil par Rudar et Legroux, avaient été enterrées dans un coin du jardin, où l'on retrouva leurs corps d'après les indications de la vieille, qui témoignait un vif repentir. Elle fut néanmoins condamnée à une détention perpétuelle, et elle accepta ce châtiment comme une grâce; elle employa les derniers jours de sa vie à se réconcilier avec Dieu. Legroux se montra très repentant, mais il était trop coupable pour que la justice humaine pût lui pardonner. Il s'efforça du moins de mériter la miséricorde céleste en confessant tous ses crimes, en demandant pardon à Dieu et aux hommes, en écoutant avec la plus parfaite contrition les exhortations pieuses de son confesseur, et en montant sur l'échafaud avec une résignation toute chrétienne. Là, il demanda à parler au peuple; on le lui permit, et il avoua qu'il avait commencé par négliger ses devoirs de chrétien; que, privé des lumières et de l'appui de notre sainte religion, il s'était livré d'abord à de simples égarements, qui peu à peu l'avaient conduit au vice et au

crime ; et il finit en s'écriant : « Enfants qui m'écoutez, apprenez par mon exemple ce qui arrive quand
on oublie Dieu et les divins préceptes de notre divin
Sauveur Jésus-Christ et de sa sainte Eglise. On
commence par manquer le catéchisme, par faire l'é-
cole buissonnière, par mépriser les remontrances de
ses parents ; on cherche les mauvais sujets ou on se
laisse entraîner par eux, et trop souvent on finit par
l'échafaud ; on paraît tout souillé de crimes devant le
tribunal du souverain juge, avant d'avoir eu le temps
de se purifier par la pénitence. »

A ces mots il fit un mouvement pour cacher de ses
deux mains son visage qu'inondèrent des larmes cui-
santes ; et comme des liens de fer retenaient ses
mains garottées derrière son dos, on vit se peindre
dans ses traits horriblement contractés le désespoir
et l'effroi. Le vénérable ecclésiastique qui l'accompa-
gnait à ce moment suprême le calma un peu en lui
parlant de la miséricorde infinie du Seigneur et en
lui présentant le crucifix, gage de salut pour tout
pécheur sincèrement repentant. Le condamné le baisa
avec transport, puis il dit : « Je suis prêt, priez
pour moi ! »

Aussitôt sa tête tomba, son âme fut en présence
de Dieu, et tous les assistants se retirèrent dans un
morne et solennel silence, chacun se livrant à de
salutaires réflexions.

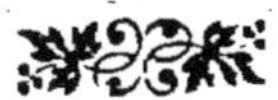

CHAPITRE VI

TRAHISON DE L'ENVIEUX

Au premier relai, le capitaine prit des chevaux de poste et chargea deux hommes de lui amener ses quatre chevaux de selle, deux pour ses domestiques et deux pour lui. Terre-Neuve entra dans la voiture, qu'il n'aurait pu suivre longtemps ; Vincent se plaça sur le siège près du cocher, et Robert monta derrière. Le troisième jour on arriva au régiment. L'ordre d'entrer en campagne ne se fit guère attendre ; le capitaine reçut en même temps le brevet de chef d'escadron du même corps ; bientôt commencèrent les hostilités : les combats et les batailles se succédèrent rapidement, et partout les deux armées montraient une égale valeur, un acharnement terrible. Le nouveau chef d'escadron se distingua en toutes les occasions par son courage, sa haute capacité militaire, et son humanité envers les prisonniers et les habitants des pays qu'il traversait. Aussi reçut-il de la reconnaissance de son prince les éloges les plus flatteurs et les mieux mérités, et la grande croix du premier ordre militaire du royaume.

Dès la seconde campagne il fut nommé colonel du même régiment, puis général immédiatement après une grande bataille que l'on croyait déjà perdue, et que plusieurs charges vigoureuses exécutées à propos à la tête de son brave régiment firent gagner à son parti. Dans cette bataille, le comte, toujours envoyé aux endroits les plus périlleux, eut deux chevaux tués sous lui ; mais il ne reçut aucune blessure ni contusion ; Vincent, qui le suivait de près, lui amena chaque fois un cheval frais. Dans un instant où les troupes interrompaient leur feu pour exécuter des manœuvres, le comte, en présence de tout le régiment et de Robert, ne put s'empêcher de féliciter Vincent de son courage et de ses bons services. Robert regarda ces éloges si bien mérités comme un affront public, comme un sanglant reproche adressé à lui-même, et dès ce moment il jura de se venger non plus de Vincent mais de son maître. Le comte, qui s'aperçut du dépit jaloux du jeune homme, lui fit une verte réprimande et acheva ainsi de l'exaspérer.

Depuis ce temps Robert ne songea plus qu'à ses projets de vengeance et négligea ses devoirs ; ce qui lui attira de nouveaux reproches, et ces reproches irritèrent encore sa haine. Il se plaisait aussi à faire à Vincent mille méchancetés ; celui-ci les endurait avec une patience admirable, parce qu'il n'y voyait encore rien contre la sûreté ni contre les intérêts de son maître, et il était toujours prêt à se sacrifier lui-même par amour de la paix. Cependant il crut remarquer que Robert avait fini par prendre en haine le général ; il craignait que cette haine qui perçait en maintes occasions malgré les efforts de Robert pour la dissimuler, ne portât son camarade à quelque faute grave, peut-être à quelque crime, et en conséquence il résolut de surveiller toutes ses actions et toutes ses démarches.

Dans le cours de la troisième campagne, le général

de Saint-Gerand, chargé du commandement d'un grand corps d'armée, se porta en avant, remporta de brillants avantages et gagna beaucoup de terrain. Le général ennemi, voyant que tous ses revers provenaient des talents supérieurs de son adversaire, cher-cha mille moyens de le surprendre et de l'enlever, ce qui est de bonne guerre ; mais ne pouvant tromper sa vigilance, il se décida à corrompre quelqu'un de ses gens pour le faire assassiner, ce que réprouvent les lois de l'honneur militaire en tous les temps et en tous les pays. Toutefois cet indigne général voulut essayer de ce honteux expédient. Il choisit un agent adroit et hardi, lui expliqua ses vues, lui remit de l'argent, l'autorisa à faire en son nom, mais verbalement, les plus séduisantes promesses, et le fit partir.

Cet homme, à l'aide de divers déguisements et sachant parfaitement la langue française, parvint à se glisser dans le camp du général de Saint-Gerand, à faire causer des domestiques et des soldats, et apprit que le général de Saint-Gerand avait deux serviteurs : l'un, Vincent, dont le dévouement était à toute épreuve ; et l'autre, Robert, qui semblait bouder son maître de temps en temps laissait échapper des paroles de dépit et de colère. L'espion comprit aussitôt que Robert ne serait peut-être pas éloigné d'assassiner son général, si aux suggestions de la haine qu'il lui portait se joignaient l'assurance de l'impunité et l'espoir d'une récompense considérable. Il chercha donc l'occasion de s'entretenir tête à tête avec Robert, et il la trouva d'autant plus aisément que Robert, négligeant son service, ne songeait qu'à se distraire de son chagrin.

L'espion s'y prit avec plus d'adresse qu'il n'en fallait pour engager au crime un homme altéré de vengeance et de sang. L'infâme marché fut conclu en deux entretiens qui se suivirent de près. Mais Robert exigea une promesse écrite, tant son mauvais génie l'aveuglait. Car cette promesse n'étant pas signée du général ennemi, et n'émanant que d'un envoyé subalterne, d'un vil agent d'assassinat, d'un misérable espion, ne pouvait lui assurer aucun droit, et pouvait servir à le confondre si on la saisissait sur lui. Toutefois il l'exigea, et l'espion la donna quoique avec répugnance, car il craignait que Robert ne la portât à son maître afin de regagner ses bonnes grâces. En effet comment se fier à un traître que l'on emploie comme tel ! Aussi après lui avoir remis cette promesse et être convenu de tous les points, l'espion, en homme avisé, se hâta-t-il de quitter le camp ennemi et de retourner au sien, où il rendit compte à son général de tout ce qu'il avait fait et appris.

Le dernier entretien entre l'espion et Robert avait eu lieu la nuit, dans un endroit écarté, et avait duré longtemps. Vincent, qui surveillait exactement son camarade sans que celui-ci s'en doutât, l'avait suivi en se tenant à distance et en se cachant tantôt derrière un arbre, tantôt derrière un buisson ou une butte ou dans un fossé ; il n'avait pu rien entendre, mais il avait vu les deux interlocuteurs fort animés, parlant à voix basse, gesticulant d'une manière expressive ; avant de se quitter ils s'étaient serré la main. Ensuite Robert était revenu seul, et l'autre s'était dirigé tout droit et à grands pas vers le camp ennemi, comme un homme qui se hâte de s'éloigner.

Le lendemain, au point du jour, Vincent raconta tout cela au général Saint-Gerand ; mais ce général, entièrement occupé des manœuvres de ce jour, ne fit aucune attention à ce rapport, qu'il parut à peine entendre. Dans la journée Vincent trouva un morceau de papier où il lut ces mots qui formaient les extrémités de deux lignes de la lettre déchirée : *s'en défaire... récompense de. .* Vincent soupçonna la vérité. Robert, après avoir réfléchi, pensa que la promesse de l'espion pouvait le perdre s'il avait l'imprudence de la conserver, et, ne sachant où la cacher, il la déchira en très petits morceaux qu'il jeta aux vents dans un moment où les troupes s'ébranlaient. Malheureusement pour lui, le plus grand de ces morceaux tomba dans une touffe d'herbes, s'y arrêta et frappa les regards de Vincent quand celui-ci vint à passer un instant après.

Vincent attendit avec impatience l'occasion de montrer ce papier au général, qui cette fois refusa de l'entendre, parce qu'une affaire très décisive commençait à s'engager. Vincent n'en fut que plus décidé à surveiller Robert que déjà il regardait comme un traître capable de tout oser. De son côté. Robert, pour mieux réussir dans son odieux projet, affecta des manières plus amicales avec Vincent, et ce changement augmenta encore la défiance de ce dernier.

Cependant l'affaire s'engagea sur toute la ligne ;

l'armée ennemie, bien supérieure en nombre, obtint d'abord de grands avantages ; ce ne fut qu'à force de courage et d'habileté dans les manœuvres que le général parvint à se maintenir dans une position qu'il avait reconnue et fortifiée la veille. Une grande batterie réunie à propos vomit la mitraille sur les colonnes étrangères et les arrêta court. Alors les troupes du général Saint-Gerand, animées par leurs officiers, reprirent courage ; la mêlée devint terrible, on en vint à la baïonnette, et pendant que le général observait l'ennemi, un coup de pistolet, tiré par derrière, lui effleura l'épaule. « Scélérat ! s'écria Vincent d'une voix tonnante, c'est toi qui as fait feu sur ton maître, » et déjà il le saisissait pour l'arrêter ; mais Robert, plus fort que lui, le renversa d'un coup de crosse de pistolet ; et peut-être il se serait sauvé au milieu du tumulte du combat, si Terre-Neuve, qui suivait toujours Vincent ou le général, ne se fût élancé sur Robert, et, le saisissant au ventre, ne l'eût renversé lui-même. Vincent, relevé aussitôt, fit lâcher prise à Terre-Neuve, et appela des soldats qui s'emparèrent du coupable.

La bataille dura encore six heures entières avec des redoublements de fureur. Enfin le génie et la bravoure l'emportèrent sur le nombre ; Saint-Gerand mit l'ennemi en pleine déroute. Dans cette journée sanglante il avait reçu deux blessures qu'il ne fit panser qu'après la victoire. Ce fut alors aussi qu'il voulut interroger Robert. Robert nia effrontément le crime que Vincent affirmait l'avoir vu commettre : aucun autre témoin ne se présentant, l'affaire était fort embarrassante, quoique le général ne mît pas en balance l'assertion d'un garçon honnête et dévoué comme Vincent, et l'assertion d'un homme aussi suspect que Robert l'était depuis quelque temps ; mais en justice il ne suffit pas que le juge soit persuadé, il faut des preuves certaines, surtout lorsqu'il s'agit d'une accusation capitale.

Le crime trouble tellement l'esprit du coupable, que toujours il se trahit par ses propres précautions, ou qu'en pensant à celles qu'il doit prendre pour se cacher, il en oublie toujours quelques-unes ; c'est ce qui arriva à Robert. Il avait bien déchiré la promesse de l'espion, mais il avait oublié dans une autre poche le premier billet que cet espion lui avait remis à leur seconde entrevue. Ce papier trouvé sur lui prouva de la manière la plus complète sa trahison.

Pendant cet interrogatoire, une bande de prisonniers conduits par une nombreuse escorte passa devant la tente du général et parmi ces prisonniers, Vincent reconnut l'individu qu'il avait vu regagner le camp ennemi après avoir longuement parlé avec Robert. Le général fit amener cet homme, et lui ordonna d'écrire quelques mots sous sa dictée, afin de comparer son écriture à celle du lambeau de papier ramassé et conservé par Vincent. Il trouva que c'était la même écriture. Se voyant ainsi convaincu, l'espion avoua tout, fut jugé militairement et fusillé sur l'heure.

Robert aurait dû être jugé exécuté de même, mais il répugnait au général de livrer à la justice et d'envoyer à une mort ignominieuse et certaine un enfant de son domaine qu'il avait recueilli et élevé avec une tendresse paternelle, et qu'il avait honoré de sa confiance et de ses bienfaits. Le comte ordonna donc qu'il serait sursis au jugement du coupable, qui fut chargé de chaines et sévèrement gardé.

Cependant l'armée continua son mouvement en avant et poursuivit le cours de ses succès. Durant la marche, Robert, peut-être favorisé par quelques ordres secrets du général, dont il avait imploré la clémence, parvint à s'évader. En apprenant cette nouvelle, le général s'écria : « Tant mieux ! il me décharge du pénible devoir de faire punir son ingratitude et sa trahison. Qu'il aille chercher ailleurs le châtiment qu'il mérite, ou plutôt, que le Seigneur lui fasse la grâce de le ramener à la vertu. »

Dès ce moment, Vincent posséda seul toute la confiance de son maître et se montra toujours prêt à donner de nouvelles preuves de son dévouement sans bornes, de son inaltérable fidélité. Cette guerre, qui continua encore longtemps avec la même furie, lui en offrit maintes et maintes occasions et le général ne pouvait se féliciter assez d'avoir rencontré un pareil serviteur. Souvent il en remerciait la bonté céleste qui le lui avait envoyé dans le temps même où il en avait le plus grand besoin. Un jour de calme et d'épanchement, après un nouveau service que Vincent venait de lui rendre, il exprima ces sentiments à ce dernier, qui répondit : « Mon bon maître, sans doute, s'il le fallait, vous me trouveriez prêt à mourir mille fois pour vous ; mais permettez-moi de vous dire que si c'est à vos yeux un véritable bonheur d'avoir

7

un domestique dévoué, ce bonheur est votre propre ouvrage : vous le devez à Dieu d'abord, et ensuite à votre charité.

Si, lorsque vous me rencontrâtes sur la route de Carlsbad, vous n'aviez pas eu pitié du pauvre petit musicien, si vous ne lui aviez pas fait une si large aumône, je n'aurais pu acheter ce beau violon avec lequel j'ai osé venir à Carlsbad, vous ne m'y auriez pas rencontré, vous ne m'auriez pas démandé mon histoire ; mes malheurs ne vous auraient pas si vivement intéressé ; si votre cœur eût été moins sensible et moins généreux, vous ne m'auriez pas pris à votre service, vous ne m'auriez pas permis de recueillir et de garder Terre-Neuve, qui nous a tous sauvés dans cette auberge habitée par des assassins et je n'aurais pas, moi-même, le bonheur de vous témoigner ma reconnaissance par mon assiduité à bien faire mon service. Ainsi, vous voyez bien, M. le comte, que vous ne devez rien qu'à la bonté du Ciel et à votre charité ; moi, je ne fais ici que mon devoir et rien de plus. »

Le général sourit et lui présenta la main en lui disant : « Touche là, brave jeune homme ; tu n'es qu'un domestique, mais tes vertus simples et sublimes honorent ton humble état. Il y a bien des grands personnages qui ne te valent pas, à qui je ne voudrais pas même te comparer ; car, quelles que soient la naissance et les conditions, c'est la vertu qui fai la véritable noblesse et, dès ce jour, je ne te regarde plus que comme mon ami, mon meilleur ami, entends-tu, Vincent.

— Oh ! M. le comte, je suis confus... je ne mérite pas... j'aime mieux rester votre domestique... Est-ce que vous auriez l'intention de m'éloigner ? J'en mourrais de douleur !

— Eh non ! enfant que tu es ! ne vois-tu pas que tu m'es nécessaire, et que je te chéris trop pour songer seulement à t'éloigner de ma personne ; je ne voudrais pas même t'accorder un congé de quelques mois. Tant que je vivrai et que tu voudras, tu resteras mon domestique ; mais un domestique tel que toi est un véritable ami, un ami précieux, le meilleur ami de son maître !

— Ah ! Dieu merci ! vous me rassurez, M. le comte ! oui, j'en prends le ciel à témoin, si le dévouement et la fidélité donnent à un pauvre domestique quelque droit au noble titre d'ami, vous n'aurez jamais de meilleur ami que... »

Vincent s'arrêta tout à coup, il craignait de manquer de respect en disant qu'il était l'ami de son maître. Le général, qui devina sa pensée, ajouta : « Que toi, n'est-ce pas, mon cher Vincent ? J'aime à te voir cette modeste réserve, même en un pareil entretien ; elle fait honneur à ton esprit : tu sens les limites où il faut l'arrêter, tu connais ce qu'exigent les différentes positions ; je ne t'en aime que davantage. Un jour, ces différences, qu'il faut respecter en ce monde où presque tout est vanité, s'effaceront entre nous dans un monde meilleur et plus sage. En attendant, embrasse-moi, ce sera pour ton cœur, que je connais si bien, la plus douce et la plus honorable récompense de ton attachement et de tes services. »

Vincent hésitait, car rien n'égalait sa modestie.

« Viens, mon enfant, reprit le général, tu peux bien embrasser celui qui t'a servi de père et à qui tu as sauvé la vie. »

Vincent obéit et ce fut, en effet, pour sa belle âme une si précieuse récompense, que jamais il n'oublia le jour, l'heure, le lieu où il avait eu le bonheur de la recevoir.

Terre-Neuve, présent à cette scène, car il ne quittait plus le général que pour suivre Vincent, regardait alternativement les deux interlocuteurs et ses yeux brillants d'une tendresse intelligente semblaient suivre mot à mot leurs discours. Quand le général se leva pour embrasser Vincent, Terre-Neuve se leva aussi, se dressa sur les pattes de derrière et comme alors il était presque aussi grand qu'eux, il voulut les embrasser à sa manière.

« Tu as raison, brave Terre-Neuve, dit le général en souriant, et nous avions tort de t'oublier, car c'est à ta fidélité, à ton courage que nous devons la vie. »

En parlant ainsi, le général prit Terre-Neuve par la tête, lui donna un baiser et le caressa. Le chien alla aussitôt demander les mêmes caresses à Vincent, qui s'empressa de le satisfaire ; et ensuite Terre-Neuve, qui apparemment était d'avis d'aller à la promenade, fit mille bonds joyeux à travers la chambre en aboyant d'un ton significatif et en montrant plusieurs fois la porte avec son museau.

« Allons dit le général, il faut aujourd'hui que tout le monde soit content. » Et prenant son chapeau, il

sortit avec Terre-Neuve, après avoir donné quelques
ordres à Vincent, qui s'empressa de les exécuter avec
sa ponctualité ordinaire.

CHAPITRE VII

RECONNAISSANCE ET DÉVOUEMENT

Quelques jours après, l'armée campait dans une
vaste plaine au bout de laquelle se trouvait un petit
bois. L'ennemi, battu sur tous les points, se tenait à
quelques lieues en arrière de ce bois et le général
Saint-Gerand tâchait de l'attirer dans une position
voisine qu'il avait déjà reconnue et où il espérait le
battre. Un matin, le général partit du camp seul
avec Vincent et Terre-Neuve, cela va sans dire. Vincent, qui prenait du corps et des forces, avait le sabre
au côté et deux pistolets dans les fontes de la selle.
Aucun danger ne paraissait à craindre ; cependant le
général imposa silence au chien, qui courait et sau-
tait devant les chevaux en faisant retentir les airs de
ses joyeux aboiements. Docile et intelligent, Terre-
Neuve, déjà habitué, comme un vieux soldat, aux
précautions qu'exige la guerre, obéit aussitôt et ne
s'éloigna plus des cavaliers.

Comme ils passaient le long du bois, trois hus-
sards ennemis s'élancèrent de derrière un fourré et

chargèrent brusquement le général, qui marchait au
pas et le premier ; il n'eut pas même le temps de
mettre le sabre à la main ; une balle frappa son cheval à la tempe et le renversa. Le général tomba et ne
put dégager sa jambe de dessous le corps de sa
monture. Heureusement, aucune balle ne l'atteignit
lui-même. Vincent resta donc seul en présence de
trois cavaliers, qui déjà tiraient leurs sabres pour
massacrer son maître. Vincent avait appris à manier
les armes depuis le commencement de sa première
campagne ; il était brave, adroit, leste et bien monté.
En un clin d'œil il eut tiré ses deux pistolets, mais
sans toucher personne ; et se jetant au-devant de tous
les coups adressés à son maître, il les para ou les
reçut lui-même, trop heureux de sacrifier sa vie pour
son bienfaiteur. Dans un moment où les trois cavaliers attaquèrent ensemble, Vincent poussa son vigoureux cheval contre celui de l'un des assaillants
qui fut presque désarçonné du choc ; en même temps
il para avec son sabre un coup de pointe qui aurait
traversé le corps de son maître, toujours retenu à
terre par le poids de son fardeau et décidé à mourir, il offrait son bras gauche au troisième ennemi,
pour attirer sur lui tous ses efforts. Mais à l'instant
où le cavalier allait sarber le bras de Vincent, Terre-
Neuve s'élançant à propos, lui mordit et lui tira si
violemment la jambe gauche, qu'il l'arracha presque
de la selle. Le hussard, furieux, se tourna vers le
chien, qui déployant alors toute sa légèreté, tout son
courage et toute sa vigueur, en évitant les chocs et
les coups de sabre du cavalier, allait en surprendre

un autre, de sorte que Vincent trouva en lui un habile et valeureux auxiliaire. Terre-Neuve, malgré sa prestesse, Vincent, malgré son adresse, avaient déjà l'un et l'autre reçu plusieurs blessures. Terre-Neuve n'en paraissait que plus ardent; mais Vincent frémissait en sentant diminuer ses forces ; et le général, dont les combattants s'étaient un peu éloignés, parce que les cavaliers ennemis poursuivaient le chien, qui manœuvrait avec autant d'intelligence que d'intrépidité ; le général redoublait d'efforts pour se dégager et n'y pouvait parvenir.

Heureusement, les coups de pistolet avaient retenti jusqu'au camp ; un détachement de chasseurs accourut à la découverte ; en les voyant arriver au galop, les trois cavaliers, qui avaient les jambes et les cuisses couvertes de morsures, prirent la fuite ; la presque totalité du détachement les poursuivit, le reste vint relever le général.

Vincent, n'étant plus soutenu par l'aspect du péril de son maître, pâlit et tomba sans connaissance. Terre-Neuve accourut et se mit à gémir, à lui lécher les mains et le visage pour le ranimer, et ses aboiements plaintifs appelaient au secours.

Le général avait l'épaule et surtout la jambe horriblement meurtries. Vincent, épuisé de sang, ne donnait aucun signe de vie et Terre-Neuve, allant de l'un à l'autre, ne s'arrêtait qu'un moment, pour lécher un peu ses propres blessures.

« Ayez bien soin de Vincent, dit le général, portez-le avec moi dans ma tente, n'oubliez pas mon pauvre chien ; c'est ce brave animal qui nous a encore une fois sauvés tous deux; il est blessé : s'il ne peut nous suivre, portez-le aussi : son courage et sa fidélité méritent bien cela. »

Terre-Neuve n'avait pas reçu de blessures graves; les coups de sabre avaient glissé sur les longues soies de son épaisse toison. Il suivit sans peine son maître jusqu'au camp. Arrivé à sa tente, où les premiers chirurgiens s'empressèrent de se réunir, le général fit panser Vincent en même temps que lui. Les blessures du brave domestique étaient profondes, mais non dangereuses; quelques mois suffirent à son parfait rétablissement. Les contusions du général lui causèrent longtemps d'assez fortes douleurs; pourtant, deux jours après, il reparut à la tête de l'armée. Terre-Neuve n'eut pas besoin de chirurgien ni d'emplâtre; avec sa langue il sut bientôt se guérir; mais rien au monde ne put le déterminer à quitter Vincent tant qu'il le vit pâle et souffrant.

A peine rétabli, Vincent rejoignit l'armée et reprit son service auprès de son maître. Il avait sur le front et sur la joue gauche deux larges cicatrices. « Voilà, lui dit le général en lui tendant la main, voilà, mon ami, deux marques plus glorieuses que toutes les décorations du monde ! ce sont des certificats ineffaçables qui, toute la vie, attesteront ton courage et ton dévouement et je n'oublierai pas le devoir que ces nobles cicatrices me rappelleraient au besoin. Sois tranquille sur ton avenir. »

Enfin, après plusieurs grandes batailles, la paix, après laquelle soupiraient depuis si longtemps les populations et les armées elles-mêmes, fut conclue et solennellement ratifiée. Le général prit sa retraite et revint à Saint-Prix.

Prévenus par le fidèle Vincent du prochain retour de leur seigneur, les habitants lui préparèrent une entrée triomphale. Leur joie était d'autant plus vive que le comte de Saint-Gerand, leur ami, leur bienfaiteur ou plutôt leur père, comme ils le disaient eux-mêmes, était absent depuis le commencement de la guerre, qui avait duré plusieurs années consécutives et qu'ils avaient souvent tremblé de le perdre, car ils savaient que son courage égalait sa générosité.

A l'entrée du village ils avaient élevé, sous la direction du maître d'école, un arc de triomphe ; ce fut là que toute la population, hommes, femmes, enfants et vieillards, conduits par le vénérable curé, alla attendre la voiture du comte longtemps avant l'heure indiquée par la lettre de Vincent, tant on était impatient de revoir ce vertueux seigneur, tant on craignait d'arriver trop tard. Enfin, à l'extrémité de la vallée on vit s'élever un nuage de poussière, on entendit résonner le fouet d'un postillon : le nuage approcha rapidement, le fouet retentissait plus fort, bientôt on découvrit la voiture et sur le siège on distingua Vincent qui se tenait debout et agitait son chapeau, et devant les chevaux courait Terre-Neuve, aboyant de toutes ses forces, comme pour annoncer le retour de son maître. En un instant, la voiture arriva près de l'arc de triomphe et s'y arrêta. Vincent sauta à bas du siège, courut ouvrir la portière et se rangea respectueusement pour laisser approcher M. le curé, le maître d'école et tous les villageois.

Le vénérable curé, parlant d'après son propre cœur, exprima avec autant de simplicité que de justesse et d'énergie les sentiments de ses paroissiens, heureux de revoir un si bon seigneur. Le comte répondit de la manière la plus affable et la plus flatteuse, et tous les paysans, transportés de joie, se mirent à battre des mains et à répéter de bruyants vivats, auxquels Terre-Neuve, qui s'était tu jusque alors, ne manqua pas de joindre sa voix éclatante ; ce qui amusa beaucoup les enfants et fit sourire les grandes personnes.

« Que cela ne vous étonne pas, mes enfants, dit le comte, il ne manque que la parole à cet intelligent et généreux animal. Vincent vous contera tous les services qu'il nous a rendus et, puisque vous m'aimez vous aimerez tous, le brave et fidèle Terre-Neuve, qui m'a plusieurs fois sauvé la vie. »

Aussitôt tous les yeux se portèrent sur Terre-Neuve, on le regardait avec étonnement et admiration, on se disait : « Ah ! il a plusieurs fois sauvé la vie à notre bon seigneur ! » et c'était à qui le caresserait et lui, reconnaissant ses vieux amis, allait à eux et les saluait en agitant sa belle queue ; et Vincent disait à ses voisins : « Aussi M. le comte avait commencé par sauver lui-même la vie à Terre-Neuve en me permettant de le garder lorsqu'il était encore bien jeune et que des enfants cruels voulaient le lapider, à Carlsbad. Oh ! tous les chiens sont ordinairement reconnaissants et même beaucoup plus que les hommes ; mais je crois que Terre-Neuve est encore plus reconnaissant que les autres. »

Et ce discours de Vincent rendait Terre-Neuve encore plus intéressant aux yeux des bons villageois.

Vincent parlait ainsi en suivant la voiture, qui montait vers le château, et dans laquelle le comte avait fait monter M. le curé.

M. le curé et le maître d'école, ainsi que les pères et les mères de famille du village, dinèrent tous ce jours-là, avec le comte, dans la grande salle du château. Des tables dressées sur une belle pelouse reçurent le reste des habitants. La plus grande décence et la plus vive allégresse régnèrent à toutes ces tables. Après le repas, le comte et ses convives descendirent pour venir converser avec ceux du jardin. Cet entretien, où M. le curé mêla d'utiles observations et de pieux enseignements, se prolongea jusqu'au soir ; alors tout le monde prit congé du général et reconduisit le vénérable pasteur au presbytère. Ensuite, chaque famille regagna sa chaumière en répétant les louanges du digne seigneur, du bon curé, du reconnaissant et brave Vincent et aussi de Terre-Neuve, dont Vincent avait raconté les prouesses et vanté l'intelligence et la fidélité.

Le lendemain, à l'heure du premier repas, le comte alla lui-même dans toutes les maisons, rendre visite à ses *enfants* ; cette marque d'affection toucha vivement toutes les familles et valut à l'affable seigneur autant de bénédictions que ses plus grands bienfaits ; car on aime surtout à trouver dans les personnages éminents, la bienveillance et l'affabilité réunies à la bienfaisance.

Résolu à ne plus quitter son domaine de Saint-

Prix, le comte entreprit diverses améliorations très importantes pour le village, et parvint facilement à les exécuter sans trop de frais, parce que tous les cœurs et tous les bras étaient disposés à lui obéir. Parmi les nouvelles constructions qu'il ordonna, celles qu'il paraissait avoir le plus à cœur d'achever et de perfectionner promptement, étaient une belle maison d'habitation, des bâtiments d'exploitation et les murs d'un enclos assez spacieux ; le tout formant une propriété simple, mais commode et d'un bon rapport, qui se trouvait à une demi-lieue du château, sur le penchant d'une colline très douce, dans un terrain très fertile, au bord d'un joli ruisseau dont les eaux limpides et salubres, ne tarissaient jamais. Près de la maison, un jardin potager se couvrit bientôt d'arbres fruitiers et de plantes utiles au ménage. A la porte extérieure, on avait respecté quatre grands arbres qui donnaient le plus doux ombrage. Au soin que le comte prenait de visiter chaque jour les travaux ou de les faire visiter par un intendant, quand les affaires ou ses douleurs le retenaient à sa chambre, chacun prévoyait qu'il préparait pour lui-même cette charmante habitation et qu'il irait y passer tous les ans une partie de la belle saison.

Cependant, malgré ces distractions, malgré les douceurs du repos au milieu d'une population dont il était si justement chéri, le comte sentait sa santé s'affaiblir de jour en jour. Enfin, le médecin lui conseilla d'aller prendre encore les eaux de Carlsbad et parvint à l'y décider.

Au bout de six semaines, il revint beaucoup mieux

portant ; ses forces étaient revenues. Il poussa donc avec une une nouvelle activité tous les travaux que son fidèle intendant avait surveillés et pressés jusqu'à son retour. La plupart des constructions touchaient à leur fin. Tous ses soins se concentrèrent sur la jolie maison dont la destination n'était encore connue que de lui seul. Malheureusement l'hiver, qui fut long et rude, suspendit les travaux et dérangea la santé du comte.

Au printemps, malgré sa faiblesse toujours croissante, il redoubla d'activité pour achever ce bâtiment ; en vain Vincent le suppliait de se ménager : « Je n'en ai pas le temps, répondait-il ; il faut absolument que tout cela soit terminé de mon vivant, et je sens que je n'ai plus longtemps à rester sur cette terre ! » En vain, le médecin lui conseillait et le conjurait de recourir encore aux eaux de Carlsbad. « Ce serait inutile cette fois, répondit le comte ; mon heure est marquée, elle approche ; ni votre talent, ni vos soins, ni les eaux ne sauraient plus prolonger mon existence. Le Seigneur m'appelle à lui ; bientôt il faudra partir et ma présence est nécessaire ici : j'ai à remplir un devoir sacré, dont l'accomplissement fera la joie de mes derniers jours. »

Bientôt la jolie maison fut entièrement achevée, meublée et prête à recevoir l'heureux mortel qui devait habiter un si délicieux séjour.

Par une belle matinée d'été, où toute la nature, rafraîchie par la rosée de la nuit, se ranimait plus brillante aux premiers rayons du soleil, le comte, appuyé sur le bras de Vincent, descendit lentement l'avenue et se dirigea vers le presbytère.

Cette modeste et simple demeure comptait alors trois habitants : M. le curé, déjà plus qu'octogénaire, son ancienne gouvernante, la bonne Gertrude, âgée de soixante-quinze ans, et Agathe, qui entrait dans sa vingt-troisième année.

CHAPITRE VIII

LA JEUNE CHRÉTIENNE. — LA VERTU RÉCOMPENSÉE. ON S'ÉGARE SANS LA CHARITÉ

Le père et la mère d'Agathe étaient morts depuis longtemps. Restée orpheline à l'âge de 17 ans, Agathe regardait la maison paternelle comme le désert, à présent qu'elle y était seule : n'ayant plus aucun parent, elle chercha à se placer. Quoique M. le curé fût la patience même et le plus indulgent des maîtres, Gertrude, déjà accablée d'années ne pouvait plus guère suffire au service de la maison, ni donner au bon vieillard les soins qu'il ne demandait pas, mais qu'exigeait son grand âge. Agathe pensa que, si elle entrait au service de M. le curé, ce serait la meilleure condition qu'elle pût trouver, et elle avait une vénération si filiale pour ce sage respectable vieillard, qu'en le servant, se disait-elle, je croirai servir encore mon père.

Elle alla donc trouver Gertrude et lui communiqua son idée. Gertrude était si attachée à son maître que la seule pensée d'être obligée de le quitter lui causait une désolation extrême. Elle crut d'abord qu'Agathe voulait la remplacer et lui reprocha ce méchant projet, que la pauvre enfant n'avait jamais conçu. Agathe se mit à pleurer et protesta qu'elle désirait seulement être admise au presbytère en qualité d'aide pour se charger des travaux et des soins qui excèderaient les forces de Gertrude. Alors, la vieille gouvernante se rassura, car elle aimait la candeur et la franchise d'Agathe ; elle fit observer que M. le curé, n'étant pas riche et partageant son modique revenu avec tous les pauvres du village, ne pouvait payer deux servantes à la fois. Agathe le savait bien, et déclara qu'elle ne voulait point de gages, que ses occupations dans une maison aussi simple lui laisseraient le temps de travailler assez pour subvenir aux faibles dépenses de son entretien. Gertrude, charmée de se procurer une compagne aussi laborieuse, aussi modeste, aussi docile que la sage et bonne Agathe, alla tout de suite porter ces propositions à M. le curé, qui les aurait acceptées avec plus de plaisir s'il avait pu offrir des gages à la jeune fille. Il la fit venir et lui expliqua ses scrupules. Agathe répondit avec tant de sagesse et se montra si reconnaissante envers le vénérable pasteur qui l'avait, dès son enfance dirigée dans les voies du Seigneur, que M. le curé se rendit à ses instances. Le même jour Agathe entra en fonction, et elle se montra au presbytère comme autrefois chez ses parents, si pieuse, si douce, si attentive, si prévenante et si laborieuse, qu'elle ne mérita jamais que des éloges. Le vénérable pasteur l'aimait comme un bon père aime une bonne fille. Gertrude avait pour elle toute la sollicitude d'une tendre mère et Agathe ne lui laissait presque rien à faire.

Quand on lui commandait quelque chose, elle en avait déjà prévu le besoin et l'avait fait d'avance et comme elle avait autant d'ordre que d'habileté, parce que dès son enfance elle avait toujours été docile et appliquée, elle trouvait encore le temps de travailler et de gagner son entretien. Son plus grand bonheur, quand elle avait achevé ses travaux, était d'aller avec M. le curé et Gertrude, s'asseoir sur le grand banc placé à la porte du presbytère. De cet endroit élevé, la vue s'étendait à gauche sur tout le village et jusqu'au château, à droite sur le reste de la riante vallée et jusque par delà la Besbre. Devant ce banc qu'ombrageait de beaux arbres, s'étendait une verte pelouse dont la couleur douce flattait et reposait la vue; et le soir, on pouvait, de ce lieu paisible, contempler le riche et imposant spectacle du soleil couchant. C'était ordinairement à cette heure et après les vêpres, ou après les travaux de la journée que, dans les beaux jours, le bon pasteur allait s'asseoir sur le banc de la pelouse pour respirer l'air pur de la campagne. Alors, inspiré par la vue des beautés de la nature, il se plaisait à expliquer aux deux gouvernantes les merveilles de la création, ce qui l'amenait naturellement à parler de la sollicitude paternelle du Créateur pour toutes les œuvres de ses mains et surtout pour les hommes.

Agathe écoutait avec une attention toute religieuse

ces pieux entretiens ; souvent le tricot qu'elle avait apporté, afin de travailler en écoutant, demeurait interrompu ; il semblait que son âme oubliât d'animer son corps pour ne s'occuper que des prodiges et des grandes vérités expliquées par le vénérable vieillard ; et quand il l'interrogeait elle l'étonnait et le charmait par la justesse et la piété de ses réponses ; mais toujours ces entretiens édifiants se terminaient par de pathétiques exhortations à la charité; car la charité, si vivement et si constamment recommandée aux chrétiens par notre divin Sauveur, était la vertu la plus chère à M. le curé, et Agathe recevait avidement ces précieux préceptes.

Pendant la dernière guerre, une maladie, que l'on crut d'abord contagieuse, frappa dans le village plusieurs enfants et plusieurs vieillards, Quelques-uns de ces vieillards n'avaient point de famille, personne n'osait les soigner, Agathe seule allait les visiter avec M. le curé, qu'aucun péril n'effrayait lorsqu'il s'agissait de porter des secours ou des consolations aux affligés. La jeune fille demanda et obtint la permission de se vouer au service de ces infortunés jusqu'à leur guérison ou à leur mort, ou à la sienne, puisqu'on pensait généralement que leur maladie pouvait se gagner par le contact, ou même simplement en respirant l'air de leur réduit.

Agathe semblait se multiplier en volant d'une chaumière à l'autre, et partageant ses soins avec les malades avec tant d'ordre et d'activité, que pas un n'était négligé; le médecin du château la dirigeait dans ce pieux devoir; l'intendant bien sur d'être ap-

8.

prouvé par son maître, fournissait le linge, les médicaments, les aliments, enfin tout ce qui était nécessaire! et Dieu bénit la courageuse charité de la jeune fille en rendant la santé à tous les malades; il n'en mourut pas un seul. Ensuite Agathe, aussi modeste après cet exemple d'une héroïque charité, rentra au presbytère et y reprit ses humbles fonctions.

A son retour, le comte apprit avec plus de satisfaction que de surprise la conduite généreuse de l'orpheline et l'on s'étonna qu'il ne s'empressât pas de l'en récompenser comme il avait coutume de le faire toutes les fois qu'un habitant du village se distinguait par quelque belle action. Agathe seule trouvait que ce qu'on admirait tant en elle ne méritait ni louanges ni récompense, puisque ce n'était que l'accomplissement d'un devoir imposé par notre sainte religion.

Quelques jours après, le comte alla au presbytère, s'entretint seul pendant une demi-heure avec M. le curé, et tous deux ensuite se rendirent à la cuisine, où Agathe finissait de ranger la vaisselle après l'avoir nettoyée. « Achève, mon enfant, lui dit le comte; toute occupation utile est une occupation noble, et ta condition obscure ne sert qu'à mieux faire ressortir ton mérite. »

Agathe comprenant que M. le curé et M. le comte voulaient lui parler, se dépêcha de peur de les faire trop attendre; puis elle se tourna vers eux, et se tenant debout, les yeux modestement baissés, parut prête à les écouter.

« M. le curé vient de me dire, Agathe, qu'il était

fort content de toi ; je serais étonné qu'il en fût autrement. J'ai appris de tout le village ta généreuse conduite et ton dévouement pendant la maladie qui a épouvanté le pays. C'est très bien, ma fille ; tu réalises aujourd'hui les belles espérances que donnait ton enfance ; continue, et le Seigneur te bénira. Donne-moi ta main ; à une fille telle que toi il faut un vertueux mari, je me charge de le trouver et de te l'amener. En attendant, voici l'anneau des fiançailles, » et il lui mit au doigt un anneau d'argent. « J'aurais pu t'en donner un d'or, mais la couleur convient mieux à ton innocence. Adieu, Agathe, ne perds point ton anneau, ne le quitte jamais, et souviens-toi que c'est le prix de ton courage et de ta charité. »

Puis le comte, offrant son bras à M. le curé, l'emmena dîner au château, laissant Agathe toute rouge de pudeur et de surprise. Gertrude avait tout entendu de la pièce voisine ; elle vint féliciter sa jeune amie. Celle-ci la pria de ne rien dire dans le village. « Pourquoi donc ? reprit Gertrude ; il est bien à toi d'avoir la modestie de ne point parler des éloges, du cadeau et des promesses que t'a faits M. le comte en présence de M. le curé ; mais moi je puis le dire à tout le monde, et avant un quart d'heure tout le village le saura. »

Elle tint parole, elle courut tout conter de chaumière en chaumière, et chacun se réjouit en apprenant que le comte n'avait point oublié la belle conduite de l'orpheline si chère à tous les habitants. Mais, se demandait-on, quel mari va-t-il lui donner ?

Quelques-uns pensaient que ce pourrait bien être Vincent... « Non, non, soutinrent les autres, le comte a dit qu'il *chercherait* et *amènerait* ce mari ; et il n'aurait pas parlé ainsi s'il avait songé à Vincent : puisque Vincent est chez lui sous ses yeux, il n'a pas besoin de le *chercher* ; puisque Vincent est ici, il n'a pas besoin de l'*amener*. »

Ce raisonnement convainquit tout le monde ; on se perdait en conjectures, et l'on finit par renoncer à deviner le secret du comte.

Cependant, dès son premier séjour au château, Vincent avait entendu vanter universellement la sagesse et la charité d'Agathe ; il la vit et la trouva belle, non pas à cause de la régularité de ses traits, mais par l'expression de modestie et de douceur, de franchise et de bonté qui animait son visage. La simplicité des discours de cette jeune villageoise acheva de le charmer, et il pensa que ce serait un grand bonheur de l'avoir pour compagne. Ce n'était d'ailleurs que de vagues idées, car l'un et l'autre sortaient à peine de l'enfance. Plus ils se virent, plus ils apprirent à se connaître, et plus ils admirèrent réciproquement les belles qualités dont ils donnaient chaque jour de nouvelles preuves. Agathe ne trouvait dans le village aucun jeune homme aussi vertueux que Vincent, et Vincent reconnaissait qu'Agathe l'emportait en mérite sur toutes ses compagnes. En cela ils ne faisaient tous deux que se rendre une mutuelle justice, et parlaient comme tout le monde Aucun garçon n'étaient jaloux de Vincent ; toutes les jeunes filles mettaient Agathe bien au-dessus d'elles-mêmes et prenaient plaisir à répéter ses louanges. Robert seul se croyait bien supérieur à Vincent et à Agathe.

Le premier séjour de Vincent au château dura plusieurs années; alors lui et Robert suivirent leur maître à la guerre, comme nous l'avons vu, et Vincent revint seul avec le comte. Ce fut avec joie extrême qu'il revit Agathe grandie, embellie, et qu'il entendit le récit touchant de tout ce qu'elle avait fait pour les malades. De son côté, Agathe apprit avec une joie semblable le dévouement de Vincent pour son maître, et trouvait que les deux balafres reçues par le jeune homme au moment où il défendait le comte, loin de le défigurer, l'embellissaient et lui allaient à merveille.

Lorsque fut terminée la maison que le comte avait tant de hâte d'achever, ce seigneur, profitant d'une belle matinée d'automne, prit le bras de Vincent et se rendit au presbytère. Après les premières civilités, M. le curé appela Agathe; le comte avait retenu Vincent; Agathe vint.

« Ma fille, lui dit le comte en lui montrant Vincent, voilà le mari que je devais t'amener; tu sauras plus tard pourquoi j'ai différé si longtemps. M. le curé, qui te sert de père, comme moi-même j'en sers à mon fidèle Vincent, M. le curé approuve mon choix : te convient-il aussi ? »

A ces mots, Agathe devint rouge comme une rose nouvelle; un voile épais s'étendit sur ses yeux, elle ne vit et n'entendit plus rien et crut qu'elle allait s'évanouir. Gertrude, à qui sa qualité de vieille et dévouée domestique permettait de prendre quelques libertés, accourut et, lui secouant la main pour la tirer de son trouble, lui dit : « Réponds, parle donc, ma bonne Agathe, tu ne réponds pas à M. le comte ! »

Agathe, commençant à se remettre de sa surprise, n'osait lever les yeux et ne pouvait parler. Enfin elle dit à voix basse, si basse que Gertrude fut obligée de répéter sa réponse aux deux vieillards, qui avaient l'ouïe un peu dure : « M. le comte... si Vincent convient à M. le curé,... moi, je n'ai rien à dire. »

Et, après avoir répété la phrase balbutiée par Agathe, Gertrude, qui était veuve depuis plus de quarante ans, ajouta : « Voyez-vous, M. le comte et M. le curé, eh bien ! cela veut dire qu'elle accepte Vincent de tout son cœur.

— Et toi, Vincent ? reprit le comte.

— Moi, M. le comte, je vous obéirai toujours, répondit Vincent, presque aussi timide qu'Agathe.

— Eh bien, ajouta le général en prenant la main de la jeune fille, dont il retira l'anneau qu'il donna à Vincent, remets-le toi-même au doigt de celle qui sera bientôt ton épouse ; M. le curé vous fiancera demain, et le mariage suivra de près ; nous n'avons pas de temps à perdre... Je veux vous voir heureux, mes enfants, avant de vous quitter pour toujours ! »

Quand on sut dans le village que Vincent devait épouser Agathe, ce furent des transports de joie universels. Le lendemain le vénérable curé célébra la cérémonie des fiançailles ; quinze jours après, les deux époux, conduits à l'autel, l'une par le maître d'école, l'autre par le comte, reçurent avec une piété exemplaire la bénédiction nuptiale.

Au sortir de l'église, le comte arrêta le cortège, composé de toute la population de Saint-Prix, pour attendre M. le curé. Le bon vieillard, ayant quitté ses habits sacerdotaux, vint rejoindre ses paroissiens. La voiture du comte était au pied de la colline de l'église ; il y fit monter M. le curé, le maître d'école et la mariée ; ensuite il répartit sur quelques chars-à-bancs et chariots les jeunes enfants, les vieillards, les femmes et les infirmes qui n'auraient pu faire une grande course à pied ; le reste suivit les voitures, et le comte, monté dans la sienne, dirigea la marche. On alla droit à la jolie maison nouvellement achevée. Au bas du coteau on descendit de voiture ; les jeunes gens et les hommes donnèrent le bras aux vieillards ou portèrent les jeunes enfants ; on monta pendant quelques minutes une rampe douce qui conduisait à la porte de la maison. Au-dessus de cette porte était écrit en grosses lettres ces mots : *A la Fidélité.*

« Voilà ta maison, » dit le comte à Vincent en lui montrant cette inscription.

La porte était ouverte, on entra dans la cour. Le comte prit alors la main d'Agathe et la conduisit dans tous les appartements, en disant : « Il faut d'abord que la ménagère reconnaisse sa maison et qu'elle dise si elle est contente de tout. »

Les paysans qui suivaient le comte, M. le curé et les mariés, s'émerveillaient de toutes les belles choses qu'ils voyaient ; et, quoique qu'il n'y eût rien d'inutile ou de fastueux, ils se disaient tout bas les uns aux autres : « C'est quasi comme au château, et pourtant tout cela appartient aux deux pauvres orphelins Vincent et Agathe ! Aussi il faut avouer que leurs vertus méritent bien une pareille récompense.»

Chose étonnante, le bonheur des mariés ne fit pas un seul jaloux ; tous ces bons paysans rendaient justice à leurs belles qualités, à leur caractère aimable et bon.

Ensuite on descendit au jardin, où le comte avait fait préparer une collation ou plutôt un dîner pour tout le village ; car ce bon seigneur aimait beaucoup ces réunions de famille, où il se trouvait au milieu de ses amis. Chaque enfant eut un beau gâteau, ce qui ne contribua pas peu à éterniser dans leur mémoire le souvenir de cette agréable journée.

Vers la fin du repas, qui commença et finit par la prière d'usage, le comte, élevant la voix que l'habitude de commander avait rendue forte et sonore, et qui l'était toujours malgré l'affaiblissement de sa santé, prononça ces paroles de manière à être entendu de toutes les tables :

« Vincent, tu m'as sauvé la vie, je ne l'oublierai jamais, j'en garderai le souvenir même au delà du tombeau. Cependant ce n'est pas à cause de cela que je t'ai fait bâtir et que je te donne ce joli domaine, auquel j'ajouterai par mon testament, 2,000 francs de rente. De pareils services ne sauraient se payer ; un si généreux dévouement n'a pas de prix sur la terre ; Dieu seul peut dignement le récompenser, et ce n'est pas en cette vie. Tu dois te rappeler, mon cher Vincent, que, peu de temps après être rentré chez moi à Carlsbad, on t'a offert soixante louis de ton beau chien de Terre-Neuve, et que tu les as refusés pour me faire cadeau de ce brave animal, qui nous a ensuite sauvés une première fois dans l'auberge des brigands, une seconde fois au bord de ce bois où trois cavaliers nous ont attaqués à l'improviste. Tu n'as voulu recevoir de moi, en me donnant Terre-Neuve, qu'une de mes cravates pour souvenir...

— Oui, interrompit vivement Vincent, et la voilà ! c'est celle que je porte aujourd'hui à mon cou ; je ne l'avais pas encore mise, je ne la mettrai plus, je veux la montrer et la léguer à mes enfants en souvenir de mon généreux maître.

— J'ai admiré ton désintéressement, et j'ai promis qu'un jour je te payerais bien le prix de Terre-Neuve. Ce prix, c'est ce petit domaine et les 2,000 francs de rente que tu auras bientôt ; il se trouve qu'encore en cela je te paye moins que je ne te dois, puisque ce chien m'a rendu des services bien plus importants que la valeur de ce domaine et du legs que je te destine. »

Vincent voulait répliquer, le comte ajouta : « Ne contestons pas, mon enfant, mon ami, il m'est trop doux de rester l'obligé d'un homme aussi fidèle, aussi bon, aussi brave que toi. »

Mille acclamations suivirent ce discours.

« Et voyez, M. le comte, reprit M. le curé quand le silence se fut rétabli, voyez combien j'avais raison de vous dire que la charité était la plus solide vertu, la mère de toutes les vertus, et que le rigorisme, surtout dans les enfants, devrait effrayer plutôt que rassurer. Robert ne pouvait souffrir le péché ni en lui-même, ni dans les autres ; cette haine du péché, il l'étendait jusqu'au pécheur, et c'est en cela qu'il était blâmable, c'est à cause de cela que son caractère m'inquiétait. Comme il ne voyait ici personne qui l'égalât en sévérité, il se croyait plus parfait que tout le monde ; il pensait que, si l'on avait à louer quelqu'un, c'était lui plus que qui ce soit, ou plutôt lui seul. Vous approuviez ce caractère tranchant et impitoyable pour les fautes d'autrui, vous pensiez y voir une preuve certaine que cet enfant si rigide sur l'article des devoirs ne manquerait jamais à aucun devoir ; et qu'est-il arrivé ? L'orgueil, qui endurcit le cœur et trouble la raison, a inspiré à ce malheureux Robert une jalousie furieuse quand il vous a vu rendre justice aux vertus de son camarade ; la jalousie l'a conduit par degrés à la calomnie pour perdre son rival, à l'ingratitude, à la haine contre vous, quand il s'est aperçu que vous n'écoutiez jamais ses faux rapports ; enfin à la trahison, à l'assassinat. Si dans son enfance il ne s'était pas piqué de cette sévérité si contraire à l'esprit de l'Evangile, il n'aurait pas été si fier de sa faible vertu, il se serait habitué à rendre justice et à souffrir qu'on rendît justice à d'autres vertus que les siennes, il aurait eu moins d'orgueil et plus de charité, et ne se serait pas souillé des péchés affreux dont il a chargé sa conscience ; et peut-être ce serait lui qui serait le héros de cette fête. Où est-il maintenant ?

M. de Saint-Gerand confessa son erreur, sur laquelle la coupable conduite de Robert ne l'avait que trop éclairé.

« Voyez, au contraire, par l'exemple de Vincent,
où conduit l'esprit de charité : Vincent n'était encore
qu'un enfant lorsque, venant d'entrer à votre service,
il rencontra un chien hideux de maigreur et de mal-
propreté, que des enfants inhumains voulaient tuer à
coups de pierres ; il eut pitié de ce pauvre animal, le
couvrit de son corps, et reçut à la jambe une blessure grave pour son âge ; cependant il n'abandonna
pas le malheureux chien aux méchants qui s'obsti-
naient à le lapider. Mes enfants, ajouta le vénérable
pasteur en s'adressant à ses jeunes paroissiens, la
pitié envers les animaux souffrants, c'est encore, c'est
toujours la charité. Quand je vois un enfant manquer
de pitié pour les animaux, je ne puis croire qu'il
serait charitable pour son prochain, et rarement les
faits ont démenti sur ce point ma prévoyance. L'âme
de Vincent, disposée à tous les sentiments généreux
par la charité, qui est une vertu céleste, a poussé
jusqu'à l'héroïsme la reconnaissance et la fidélité. Ce
chien même qu'il avait arraché à la mort l'a récom-
pensé de sa pitié en combattant avec lui pour M. le
comte, qui avait la jambe prise sous le cadavre de
son cheval ; c'est à son esprit de charité que Vincent
doit toutes les qualités aimables et précieuses qui
l'ont rendu digne d'épouser notre bonne et généreuse
Agathe.

« Mes enfants, si je vous ai rappelé les torts de
Robert, c'est uniquement pour vous montrer où
peut mener la sévérité envers le prochain, et non pas
pour le vouer à votre haine. Si vous le détestiez à
cause de ses crimes, vous imiteriez son rigorisme,

vous entreriez dans la voie de perdition qui l'a éloigné de Dieu. Il faut haïr le péché, mais il faut plaindre le pécheur et prier pour lui. C'est un frère qui s'égare ; nous devons tâcher de le ramener au bien, et l'aimer encore, même lorsqu'il refuserait de nous écouter, et que nous souffririons de ses fautes. Ainsi le veut la charité, ainsi l'ordonne Jésus-Christ, qui, en se sacrifiant pour racheter le genre humain, nous a donné à la fois le précepte et l'exemple de la charité. »

Cette exhortation pieuse, si conforme au divin esprit de l'Evangile, resta profondément gravée dans tous les cœurs ; depuis ce jour surtout jamais personne ne prit plaisir à voir et encore moins à faire souffrir les animaux, et l'on remarqua dans le village une nouvelle émulation de charité qui tourna au profit de tout le monde. Les malheureux étaient plus tôt et plus complétement soulagés et consolés, et ceux qui les obligeaient étaient félicités de tous leurs voisins.

Après le discours de M. le curé on le reconduisit au presbytère. Vincent et Agathe allèrent demeurer au château ; le comte désirait les garder auprès de lui jusqu'à sa mort, qui fut prochaine. Une autre orpheline pleine de douceur et de piété remplaça Agathe au presbytère ; mais Agathe venait tous les jours voir le bon pasteur, et se plaisait à aider sa remplaçante et Gertrude.

Depuis ce temps, la santé du comte s'affaiblit tous les jours, ses forces s'éteignirent tout à fait, sa belle et noble figure s'altéra, et bientôt il pria M. le curé de lui administrer les derniers sacrements, qu'il reçut avec une dévotion exemplaire. Le lendemain il remit à Vincent l'acte de donation du petit domaine de *la Fidélité*, et un contrat de 2,000 francs de rente. « Tout cela, lui dit-il, est déjà stipulé dans mon testament; mais je n'ai que des parents éloignés dont je ne connais point assez le caractère, et je veux t'éviter les ennuis de toute espèce de contestations. A présent, mon ami, je puis mourir tranquille sur ton sort. Un jour nous nous retrouverons dans une vie meilleure. »

Deux jours après, il mourut d'un coup d'apoplexie foudroyante. Quoiqu'on s'attendît à tout moment de le perdre, la nouvelle de la mort de cet homme de bien consterna tout le village; dans toutes les chaumières on le pleura longtemps, et la génération qui avait eu le bonheur de le connaître ne passa plus un seul jour sans prier pour lui. On pense bien que le bon et reconnaissant Vincent et la sensible Agathe furent vivement affligés de la mort de leur bienfaiteur, et que jamais ils ne l'oublièrent dans leurs prières.

CHAPITRE IX

LA CHARITÉ MÈNE AU BONHEUR. — LE DÉFAUT DE
CHARITÉ CONDUIT AU MALHEUR

Après la mort du comte, Vincent et Agathe, suivis de Terre-Neuve, alors bien vieux, que leur avait recommandé le comte, allèrent s'établir dans leur petite propriété. Le temps adoucit peu à peu leurs regrets ; ils vécurent dans une parfaite union, et tous les jours l'un d'eux, souvent même tous deux ensemble, allaient rendre visite au bon curé, qui semblait ne plus vieillir, et que la bonté de Dieu conservait à l'amour de ses paroissiens. Ce fut lui qui baptisa trois enfants que les vertueux époux eurent en quatre années, et qu'ils élevèrent, comme ils l'avaient été eux-mêmes, dans la crainte de Dieu, l'amour du prochain et l'horreur du péché, mais non du pécheur. C'étaient trois garçons pleins de santé et de gentillesse.

L'aîné avait déjà sept ans, et il était assis avec son père sur le banc placé auprès de la porte hors de la maison, lorsque arriva un homme boiteux, couvert de guenilles, pâle, maigre, et dont l'extérieur annonçait la misère et la souffrance. A l'agitation nerveuse de ses traits déformés, on devinait ou qu'il avait une maladie qui ne lui laissait aucun repos, ou que son âme était en proie à de violents chagrins, ou plutôt à de terribles remords.

Quoiqu'il ne fût pas aveugle, sa vue incertaine ne lui permettait pas de bien distinguer les objets. En approchant de Vincent, il ôta et tendit son chapeau déchiré, s'arrêta, et dit d'une voix étouffée : « Ayez pitié d'un malheureux qui souffre de la maladie et de la faim ; partout on me repousse, je n'ai rien mangé depuis deux jours, et cette nuit j'ai couché dans les champs. La pluie et le froid m'ont pénétré jusqu'aux os.

— Entrez, entrez, répondit le sensible Vincent, ému de compassion, entrez, mon ami ; moi, je ne vous repousserai pas, personne ne vous repoussera dans ce village, nous sommes tous des chrétiens. »

Lorsque le mendiant entendit la voix de Vincent, il parut comme frappé d'un coup de foudre ; il regarda plus attentivement, et ses traits prirent une expression de douleur et d'épouvante. Vincent, voyant qu'il allait se trouver mal, s'empressa de le soutenir et de le conduire à la salle à manger. Ensuite il appela Agathe, et la pria d'apporter d'abord un bouillon ; c'était précisément un peu avant l'heure du dîner. Le mendiant, revenant à lui peu à peu, regardait tantôt Vincent et tantôt la porte, comme s'il eût eu envie de se sauver Cependant la faim le pressait tellement, qu'il resta. Agathe ayant apporté le bouillon, il en but quelques gorgées et demanda un morceau de pain, que l'enfant apporta aussitôt.

« Prenez garde, mon ami, fit observer Vincent ; puisqu'il y a si longtemps que vous n'avez pris aucune nourriture, mangez peu d'abord, de peur de vous faire du mal. »

La voix de Vincent fit encore une impression terrible sur cet homme. Vincent répéta ses avis, et ajouta : « Ne vous pressez pas ; vous resterez ici aujourd'hui et demain, et quelques jours même s'il le faut, pour vous remettre. Mangez peu et souvent, ou craignez une indigestion qui pourrait vous être funeste. »

Le mendiant se mit à rire, mais d'un rire convulsif qui n'avait rien de gai ni même d'ironique, et tout à coup il pleura amèrement ; puis, renfonçant ses larmes, il mangea avidement tout le morceau de pain et en demanda un autre. Vincent refusa de le lui donner avant une heure.

Une sorte de rage s'empara du mendiant, il semblait prêt à se jeter sur Vincent, puis soudain cette frénésie se calma, et il se remit à pleurer.

Il y eut alors un moment de silence pendant lequel le mendiant parut profondément préoccupé ; enfin il s'écria :

« Je vous connais ; vous êtes Vincent !

— Oui, je suis Vincent, répondit celui-ci, et vous, qui êtes-vous donc ?

— Moi ? moi ? je suis... non, je ne suis personne... je ne suis rien, je ne veux rien être... »

Persuadé que ce malheureux avait l'esprit dérangé, Vincent ne voulut pas le presser de questions et attendit qu'il parlât de lui-même. Mais le mendiant, plongé dans des réflexions pénibles et agité de mouvements convulsifs, se taisait encore, lorsque Agathe vint pour mettre la table. Son mari lui fit signe de s'éloigner et d'attendre. En se retirant elle emmena les trois enfants, qui, blottis derrière la porte, écoutaient, regardaient et tremblaient.

« Qui suis-je ! reprit le mendiant, à l'oreille duquel résonnait la question de Vincent comme si un écho lointain la lui répétait : qui suis-je !... ne le voyez-vous pas ? vos yeux sont-ils troublés comme les miens ?... Ah ! ne me regardez pas comme cela, vous me tuez, vos regards me traversent le cœur. »

En effet Vincent s'était un peu rapproché pour le mieux examiner. Le malheureux, se couvrant la figure de ses deux mains, tomba dans un anéantissement complet ; ses muscles se détendirent, ses bras s'abaissèrent et pendirent, sa tête se renversa sur le dos de son fauteuil, il s'évanouit ; et comme ses traits cessaient d'être crispés, Vincent le reconnut malgré sa pâleur et sa longue barbe. C'était Robert.

Vincent ému de pitié, appela Agathe, qui reconnut aussi Robert. Vincent lui dit d'apprêter vite un lit et d'aller ensuite chercher le plus proche voisin. Au sortir de la maison, elle rencontra un jeune homme qu'elle envoya à son mari, et tous deux portèrent au lit Robert, que le voisin reconnut de même. Vincent resta seul auprès du malade, qui, grâce à ses soins, rouvrit les yeux.

« Qui je suis ? répéta-t-il encore, mais d'un air plus calme ; hélas ! un envieux, un calomniateur, un traître, un assassin, je suis Robert.

— Je vous ai reconnu pendant votre évanouissement, répondit Vincent.

— Vous m'avez reconnu, et vous n'avez pas eu horreur de moi ! et vous m'avez couché dans votre lit ! et vous me prodiguez les soins d'un ami, à moi qui ait toujours été votre plus grand, peut-être votre seul ennemi !

— Ne suis-je pas chrétien ? repartit Vincent.

— Ah ! que vous êtes heureux d'être chrétien ! je croyais l'être jadis, je ne l'étais pas, je ne puis plus le devenir.

— Pourquoi ? répliqua Vincent.

— Je suis trop coupable.

— Le repentir sincère expie tous les péchés, et la miséricorde de Dieu est sans bornes.

— Oh ! si je l'espérais ! mais non, je suis à jamais perdu, je n'ai plus aucun espoir de salut ; ce qui m'est réservé, c'est la honte, le remords, la misère et la douleur en ce monde, et dans l'autre les feux de l'enfer, la douleur éternelle ! Et tout cela pour avoir trop compté sur moi-même, pour m'être enorgueilli de ma vertu, pour avoir pensé que les éloges du monde m'appartenaient plus qu'à ma personne. Ah ! j'ai été trop impitoyable envers mon prochain pour espérer que Dieu ne le sera pas envers moi ! »

Vincent lui parla encore de la bonté infinie de Dieu, de l'efficacité d'une contrition sincère et de la pénitence, et crut avoir ranimé l'espérance dans cette âme bourrelée de remords. Robert se tut, un nouvel accablement le replongea dans un sommeil assez paisible. Vincent, le jugeant endormi pour quelque temps, alla dîner avec sa famille.

Après le repas il remonta dans la chambre, et trouva le lit vide et déjà presque entièrement refroidi. Au même instant, son fils aîné, qui était allé au jardin, poussa un cri d'effroi. Vincent et Agathe accoururent et virent l'infortuné Robert étendu mort au pied d'une croix de fer qui s'élevait près de la porte. C'était une sorte de monument que leur reconnaissance avait érigé à la mémoire de leur bienfaiteur, dont le nom en grosses lettres se lisait sur un piédestal de marbre servant de base à la croix. En entrant dans la maison, Robert avait aperçu cette inscription, elle l'avait frappé ; il avait deviné la nature du monument, et, s'étant réveillé en délire un peu après que Vincent l'eut quitté, il était descendu au jardin et avait couru vers la croix ; l'ayant embrassée de ses deux mains, il était mort en la pressant contre sa poitrine, et s'écriant : « O mon maître, pardonnez-moi; afin que Dieu me pardonne. Vierge Marie ayez pitié de mon âme ! J'ai manqué de charité pour mon prochain, pourtant accordez-moi votre miséricorde. »

Troisième Partie

JEUNES DÉTENUS

SOCIÉTÉ

DE

PATRONAGE DES JEUNES LIBÉRÉS

Remerciez Dieu, mes amis, de vous avoir accordé de bons parents qui vous ont donné d'utiles exemples dès votre enfance, qui vous ont placés entre les mains d'excellents maîtres pour recevoir d'eux le bienfait de l'instruction, et qui vous envoient exactement dans nos églises pour y apprendre les principes de notre divine religion. Remerciez Dieu du plus profond de votre âme pour tous ces bienfaits, dont vous avez joui jusqu'à présent sans en comprendre tout le prix; faites tous vos efforts pour en profiter, car ce sont des biens inestimables ; et vous en jugerez en songeant au malheureux sort des enfants qui en ont été privés.

Il est, parmi les coupables que renferment les prisons, une classe d'infortunés qui inspirent une compassion profonde. Ce sont les jeunes condamnés dont le cœur est déjà souillé dans un âge encore tendre, et qui ont devant eux une vie entière à perdre dans le crime ou à sauver par le repentir.

Ces pauvres enfants ont presque toujours été conduits au mal par le vagabondage, l'abandon et la plus profonde détresse. Le plus souvent, les premières fautes qui les ont amenés dans les lieux de punition sont le résultat de l'ignorance et de la misère. Ces malheureux, sans appui, sans conseils, abandonnés à eux-mêmes dès le berceau ou entourés de mauvais exemples, ont été facilement entraînés.

Il en est beaucoup dont l'âme n'est pas entièrement corrompue, et chez lesquels il reste quelques bons sentiments. Mais les voici placés dans les maisons de détention, au milieu de criminels pour qui il n'y a plus ni pudeur ni remords, qui passent leur vie de prison à se souvenir de leurs crimes, à les raconter, à en projeter de nouveaux ; qui ne sont occupés qu'à se dégrader chaque jour plus profondément les uns les autres par un mutuel et affreux enseignement de tous les vices. Que deviendra le jeune détenu à cette abominable école ? Il était entré coupable, il sortira de la prison scélérat consommé, capable de tous les crimes, et bientôt, de nouveaux forfaits l'y ramèneront.

Telle était la déplorable situation des jeunes détenus jusqu'au jour où les prisons sont devenus l'objet d'une sollicitude éclairée.

Du moment où l'on a voulu travailler à l'amélioration des prisonniers, l'intérêt s'est porté d'une manière toute spéciale sur ceux que leur âge encore tendre rendait plus accessibles au repentir. Il fallait avant tout arracher les jeunes détenus à l'air empoisonné de la prison commune. On établit pour eux des prisons séparées, des pénitenciers distincts ; en même temps, des congrégations charitables se sont consacrées au service des prisons avec un admirable dévouement, et des frères ont consenti à s'enfermer avec les prisonniers pour partager leur sort, vivre au milieu d'eux et les ramener au bien.

A Paris, la maison de la Roquette contient un grand nombre de jeunes détenus, renfermés dans des cellules isolées ; ils y sont soumis à une discipline sévère, à un rude travail ; mais en même temps, ils sont confiés à la surveillance des frères, qui, dans la prison comme dans les écoles primaires, se montrent les amis dévoués de l'enfance, et s'efforcent de donner aux pauvres détenus, avec les éléments de l'instruction, les principes salutaires de la religion et de la morale.

Le pénitencier des jeunes détenus de Lyon est confié aux frères de Saint-Joseph, institués il n'y a pas très longtemps pour le service des prisonniers. Suivant leur conduite plus ou moins bonne, les jeunes détenus sont répartis en quatre classes : celles d'épreuve, d'espérance, de récompense, de punition. Le produit de leur travail est divisé en trois parts : l'une est placée dans une caisse d'épargne et peut, avec l'autorisation des chefs, être envoyée par le détenu à sa famille ; l'autre est mise en réserve pour lui-même au moment de sa sortie ; la troisième appartient à l'établissement.

Un silence absolu est prescrit pendant le travail et les repas, et même, les jeunes détenus de la classe de punition y sont assujettis pendant le temps de la récréation.

Le zèle des pieux fondateurs de cette œuvre a été promptement couronné de succès, et ils voient avec une grande joie beaucoup d'enfants demander à envoyer à leur famille la part qui leur revient à eux-mêmes dans le produit de leur travail.

Mais l'œuvre n'est pas encore achevée, lorsque le coupable sort de la prison homme de bien. Celui qui a été criminel est accueilli par tant de préventions, il a tant de peine à retrouver une place dans la société, et tant de périls l'y environnent !

Cette situation difficile a vivement excité l'intérêt des personnes charitables.

Des hommes aussi éminents par leur position sociale que recommandables par leurs vertus, se sont unis pour venir en aide aux malheureux jeunes gens qui, au sortir des prisons, manifesteraient le désir de rester désormais dans la bonne voie. Une association de bienfaisance s'est formée sous le nom de *Société pour le patronage des jeunes détenus et des jeunes libérés du département de la Seine.*

Les membres de la Société visitent les enfants et les jeunes gens que la justice a condamnés à subir une détention plus ou moins longue. Ils cherchent à connaître leurs dispositions, ils leur adressent de paternelles exhortations, ils s'efforcent de leur inspirer un sincère regret de leurs fautes, une ferme résolution de mieux vivre à l'avenir ; puis, au moment où ils recouvrent la liberté, à ce moment plein de dangers, où les mauvaises occasions, les dangereux exemples, pourraient si facilement les faire retomber dans leurs premières fautes, la Société les place comme ouvriers dans des maisons sûres où elle continue à les surveiller avec le plus grand soin.

Ce patronage produit les effets les plus salutaires. Les enfants sortis de prison, avant la fondation de la Société retournaient pour la plupart à leurs coupables habitudes ; aujourd'hui ils sont ramenés presque tous à une vie laborieuse et honnête.

Bien des personnes, dans des positions très différentes, peuvent contribuer à cette œuvre excellente. Les unes, à raison de leur âge et de leur fortune, peuvent aider la Société de leurs fonds et se charger de visiter les jeunes patronés. Les maîtres chez qui ceux-ci sont placés peuvent exercer la plus utile influence sur ces enfants par leurs bons conseils. Quant aux ouvriers, s'ils viennent à savoir que parmi leurs camarades est un jeune libéré, ils doivent bien se garder de lui témoigner du mépris, de la dureté, de la malveillance ; ils doivent, au contraire, par leurs bons exemples et leurs paroles amicales, l'encourager et le porter au bien.

Tels sont les devoirs que nous pouvons avoir à remplir, si jamais nous nous trouvons, d'une manière ou d'une autre, en rapport avec de jeunes libérés. Ces devoirs, si nous savons nous en acquitter, seront pour nous une source de bénédictions : le Sauveur n'a-t-il pas dit : « Bienheureux ceux qui sont miséricordieux, car ils obtiendront miséricorde ! »

Quatrième Partie

EXTRAIT de la loi du 14 août 1885, sur la libération conditionnelle et la réhabilitation.

TITRE I

RÉGIME DISCIPLINAIRE DES ÉTABLISSEMENTS PÉNITENTIAIRES
ET LIBÉRATION CONDITIONNELLE

ARTICLE PREMIER. — Un régime disciplinaire, basé sur la constatation journalière de la conduite et du travail est instituée dans les divers établissements pénitentiaires de France et d'Algérie, en vue de favoriser l'amendement des condamnés et de les préparer à la libération conditionnelle.

ART. 2. — Tous condamnés ayant subi une ou plusieurs peines emportant privation de la liberté, peuvent, après avoir accompli la moitié de leurs peines, être mis conditionnellement en liberté, s'ils ont satisfait aux dispositions réglementaires fixées en vertu de l'article premier.

La mise en liberté peut être révoquée en cas d'inconduite habituelle et publique dûment constatée, ou d'infraction aux conditions spéciales exprimées dans le permis de libération.

Si la révocation n'est pas intervenue avant l'expiration de la durée de la peine, la libération est définitive.

Art. 3. — Les arrêtés de mise en liberté, sans conditions et de révocation sont pris par le Ministre de l'Intérieur ;

S'il s'agit de la mise en liberté, après avis du préfet, du directeur de l'établissement ou de la circonscription pénitentiaire, de la commission de surveillance de la prison et du parquet près le tribunal ou la cour qui a prononcé la condamnation ;

Et, s'il sagit de la révocation, après avis du préfet et du procureur de la République de la résidence du libéré, qui doivent immédiatement en donner avis au Ministre de l'Intérieur.

Le Ministre prononce la révocation s'il y a lieu.

Art. 6. — Un règlement d'administration publique détermine la forme des permis de libération, les conditions auxquelles ils peuvent être soumis et le mode de surveillance spéciale des libérés conditionnels.

L'administration peut charger les sociétés ou institutions de patronage, de veiller sur la conduite des libérés qu'elle désigne spécialement et dans les conditions qu'elle détermine.

TITRE II

PATRONAGE

ART. 7. — Les sociétés ou institutions agréées par l'administration, pour le patronage des libérés reçoivent une subvention annuelle en rapport avec le nombre de libérés réellement patronés par elles, dans les limites du crédit inscrit dans la loi de fiannces.

TITRE III

RÉHABILITATION

ART. 10. — Est modifié ainsi qu'il suit l'article 621 du code d'instruction criminelle :

Le condamné à une peine afflictive ou infamante peut être admis à demander sa réhabilitation, s'il a résidé dans le même arrondissement depuis cinq années et pendant les deux dernières dans la même commune.

Le condamné à une peine correctionnelle ne peut être admis à demander sa réhabilitation, s'il n'a résidé dans le même arrondissement depuis trois années et pendant deux années dans la même commune.

Les condamnés qui ont passé tout ou partie de ce temps sous les drapeaux, ceux que leur profession oblige à des déplacements inconciliables avec une résidence fixe, pourront être affranchis de cette condition s'ils justifient, les premiers, d'attestations suffisantes de leurs chefs militaires, les seconds, de certificats de leurs patrons ou chefs d'administration, constatant leur bonne conduite.

Art. 624. — Le procureur de la République provoque des attestations des maires des communes où le condamné a résidé, faisant connaître :

1° La durée de sa résidence dans chaque commune, avec indication du jour où elle a commencé et celui où elle a fini ;

2° Sa conduite pendant la durée de son séjour ;

3° Ses moyens d'existence pendant le même temps.

Ces attestations doivent contenir la mention expresse qu'elles doivent être rédigées pour servir à l'appréciation de la demande en réhabilitation.

Le procureur de la République prend, en outre, l'avis des juges de paix des cantons et celui des sous-préfets des arrondissements où le condamné a résidé.

Art. 628. — La Cour, le procureur général et la partie ou son conseil entendu, statue sur la demande.

Art. 633. — Si la réhabilitation est prononcée, un extrait de l'arrêt est adressé par le procureur général à la cour ou au tribunal qui a prononcé la condamnation, pour être transcrit en marge de la minute de l'arrêt du jugement. Mention en est faite au casier judiciaire. Les extraits délivrés aux parties ne doivent pas révéler la condamnation.

Le réhabilité peut se faire délivrer une expédition de la réhabilitation et un extrait du casier judiciaire sans frais.

Art. 634. — La réhabilitation efface la condamnation et fait cesser, pour l'avenir, toutes les incapacités qui en résultaient.

Conclusions

Sans vouloir rêver l'âge d'or, j'entrevois venir un temps où l'homme jouira d'un grand bien-être, et s'élèvera à un haut degré de perfection. La science ne nous avait pas promis le bonheur, elle a promis plus de bien-être, et elle a tenu parole. Il est certain que nous vivons aujourd'hui, tous tant que nous sommes, plus commodément que ne le faisaient nos pères. Nous sommes mieux nourris, mieux logés, mieux vêtus, mieux éclairés... que sais-je ? Nous jouissons d'une sécurité et d'un confortable de vie que nos ancêtres n'ont jamais connus. La moyenne du bien-être s'est sensiblement élevée, grâce aux progrès de la science.

Si dans l'état actuelle de l'organisation des sociétés, il y a une part de misère contre laquelle nous sommes désarmés trop souvent, et qu'il est trop évident que l'on est roulé par la fortune adverse jusqu'aux dernières extrémités de l'indigence ou de la douleur physique, dame... alors! Que voulez-vous? Il n'y a philosophie qui tienne ; on n'a d'autre ressource que la résignation et l'espérance. La science jusque là a été impuissante à arrêter ou à détourner ces tuiles qui fondent parfois sur la tête des pauvres diables.

Ce sont de cruelles exceptions dont on ne peut accuser que l'iniquité de la nature et la cruauté du hasard.

La science ne nous a pas encore donné le bonheur, mais on peut dire qu'en général c'est nous qui pouvons être nous-mêmes les artisans de notre bonheur. Le grand secret est de ne désirer que ce qu'il nous est, dans la situation où nous nous trouvons, permis d'attendre. C'est de n'être ni trop ambitieux, ni surtout envieux du bonheur des autres.

Au lieu de regarder au-dessus de soi et de se dire : Il est plus riche que moi et pourtant il ne vaut pas mieux, il faut tourner ses regards vers ceux qui sont moins bien partagés ; rendre grâce à la bonne providence qui vous a fait plus heureux, et, s'il est possible, s'excuser près d'eux de ce bonheur en vous efforçant de leur en faire part.

Il ne s'agit pas d'être savant ni millionnaire pour être heureux ; il faut être bon. La bonté, surtout quand elle est consciente et active, c'est la moitié du bonheur.

A l'heure où tant de microbes pernicieux flottent dans l'air ambiant, il faut que la vraie science sociale, comme l'eau pure des fontaines Wallace, coule en abondance dans toutes les rues.

Deux grandes forces, capital et travail, qui devraient être alliées, sont rivales.

D'un côté, la bourgeoisie inquiète et le patronat, souvent malheureux, offrent le spectacle d'un mélange, facilement explicable, d'esprit de résistance et de bon vouloir impuissant. Les uns voudraient remonter le courant du siècle ou fermer leurs usines. D'autres craignent de conclure une paix menteuse avec d'irréconciliables ennemis.

Eh bien ! en face d'eux se dresse maintenant la « Société du Musée Social » reconnue d'utilité publique le 30 Mars 1895, qui par le seul fait de son existence, peut tenir tête à ces redoutables agresseurs, et jeter un pont sur le fossé profond qui se creusait entre les belligérants.

Qu'est-ce donc que ce « Musée Social » et à quel besoin public répond-il ?

Le comte de Chambrun, voulant faire quelque chose de grand et d'utile, « une bonne action » dans toute la force du terme, s'est arrêté à l'idée de fonder une maison de rapport, sise à Paris, dont la valeur dépasse quinze cent mille francs. Il a donc légué pour cela un charmant hôtel du faubourg Saint-Germain, 5, rue Las-Cases. Là sera rendu permanente et perpétuelle l'exposition d'économie sociale de 1889.

Le musée nouveau sera le musée des vérités sociales démontrées par l'expérience, c'est-à-dire une collection unique de documents, imprimés et manuscrits, plus précieux que l'or. Ce sera l'inventaire complet de tout ce qui a été fait ou tenté à la surface du globe pour améliorer la condition morale et matérielle du peuple laborieux, prévenir la misère, augmenter le bien-être, assurer l'avenir, développer l'esprit d'association tout en respectant la propriété individuelle et la liberté, honorer l'ouvrier digne de ce nom et rénumérer équitablement le capital et le travail intellectuel ou manuel.

La Société se fera le serviteur zélé des hommes de bonne volonté ; elle ouvrira des concours et décernera des prix ; elle aura son journal et organisera des conférences ; faisant appel à la jeunesse, elle enrôlera et instruira de nombreux étudiants qui, munis de bourses de voyages, feront de fructueuses enquêtes. Ces jeunes gens formeront, dans quelques années, une véritable armée de volontaires du progrès social.

De son côté, le gouvernement actuel pour lutter contre l'émigration toujours croissante du paysan, pour repeupler nos villages abandonnés, devra s'efforcer de refaire ce que le 2 décembre a renversé.

Pour atteindre efficacement ce but, il devra apprendre aux laboureurs, aux paysans, dès leur bas âge, par les leçons de l'école, puis à un âge plus mûr par des conférences agricoles conformément à la loi du 16 juin 1879, que leur profession est la plus noble, la plus belle et la plus digne de l'homme libre ; tel est le vrai moyen, à mon avis, de remédier efficacement au dépeuplement des villages et des campagnes et de maintenir les cultivateurs sur leurs terres. Grâce à la science, à l'instruction populaire de l'école, les en-

fants apprendront à ne plus mépriser la noble carrière qui a nourri leur père ; ils la comprendront et
l'aimeront. Il auront toujours présent à la mémoire
la phrase si souvent citée de Sully, le célèbre ministre
d'Henri IV : « Labourage et pâturage sont les deux
mamelles de l'Etat. »

Alors ils n'iront plus, enfin, dans les villes ou dans
les usines chercher vainement, le plus souvent, le
pain qu'ils n'ont su se procurer chez eux faute d'instruction ; ils ne seront plus exposés à entendre ces
théories anti-patriotiques, anti-religieuses et anti-
sociales, rêves chimériques, qui ne servent qu'à compromettre la tranquillité de la France et de la Société
tout en rendant leur propre bonheur impossible.

L'amour du prochain m'a toujours guidé au cours
de ma vie dans l'accomplissement de mes modestes
fonctions.

C'est vous dire combien je serai heureux de pouvoir contribuer dans mon humble sphère à provoquer en France la solidarité démocratique et les
réformes sociales depuis si longtemps souhaitées par
tous les amis de la République, et de l'humanité.

J'unis mes efforts à ceux de tous les hommes de
bonne volonté pour en préparer le triomphe ; mon
concours est bien modeste sans doute, mais il est
énergique et dévoué à cette noble cause : « l'école. »

Plus que jamais, après bien des tristesses, des
déceptions et des souffrances ; après de longues ré-

flexions sur la législation criminelle et sur l'humanité, je m'attache à la jeunesse.

Sûr d'être compris, j'adresse, à elle, aux chefs de famille, aux membres de la Ligue de l'enseignement, et ainsi qu'aux pouvoirs publics, ce pressant et dernier cri d'appel qui part du fond de mon cœur :

« Aimons-nous comme des frères les uns les autres ; aidons résolument le peuple honnête et laborieux ; secourons les indigents, les malades, les infirmes, les orphelins, les vieillards ; assistons les libérés des prisons par le travail et par la réhabilitation morale. En sorte que chacun puisse faire son mouvement légitime d'ascension vers la région supérieure d'harmonie sociale où tous, patrons, ouvriers et agriculteurs, pourront sceller un jour l'union des cœurs et la solidarité des intérêts. »

UNION — REVENDICATIONS — CONDITIONS

DU TRAVAIL :

Article premier. — Minimum de salaire.

Art. 2. — Journée de huit heures.

Art. 3. — Repos complet le dimanche. Journée entièrement à la famille.

Art. 4. — Entente internationale sur les conditions du travail, et sur la fixation des salaires.

Art. 5. — Suppression des adjudications. Mise en régie des travaux des communes, des villes, des départements et de l'Etat.

Art. 6. — Création dans chaque village d'une bibliothèque rurale où tous les cultivateurs hommes, femmes, filles et garçons trouveront les meilleurs traités d'agriculture, d'arboriculture, de viticulture et de jardinage ; d'élevage de volailles et des soins à donner aux animaux domestiques, etc. Conférence publique agricole à la mairie par un professeur départemental.

Art. 7. — Multiplier les Sociétés d'Agriculture dans tous les départements ainsi que les récompenses honorifiques du « Mérite Agricole. »

Art. 8. — Choix judicieux par les ministres compétents d'inspecteurs ouvriers pour les villes, et pour les campagnes.

Art. 9. — Suppression des bureaux de placement. Placement syndical gratuit et à défaut de syndicat, placement gratuit par les Municipalités.

Art. 10. — Réforme des codes.

Art. 11. — Mise à la charge de la Société des enfants, des vieillards et des invalides du travail.

Art. 12. — Que le jour du 1er Mai, fête du travail, soit décrété par les pouvoirs publics « jour férié. »

FIN

TABLE DES MATIÈRES

VICHY. — IMP. C. BOUGAREL, RUE SORNIN